U0631610

严福明 著

探寻学校可持续发展的路径

FAITH

IDEA

CORE COMPETENCIES

ROAD

WAY

信念 理念 + 核心素养 途径

上海教育出版社
SHANGHAI EDUCATIONAL
PUBLISHING HOUSE

序　一

城镇化带动了人口迁移,这导致农村地区学校师资和学生数量的减少,随之而来的是生源质量下降、行政管理团队效率低下、教职员工工作积极性降低以及教学质量逐步下滑等问题。尽管农村学校的硬件设施和教师课程资源已相对完善,学校建设也逐渐规范化和标准化,但教学创新方面仍然明显不足,这使得提升教学质量面临严峻挑战。

"优秀的校长塑造优秀的学校。"农村孩子的未来取决于学校,而农村学校的未来则取决于校长。当前"十四五"规划中的新目标和新要求为农村学校教育指明了发展方向。严福明校长秉持以科研为引领的原则,将科研理念深入学校,推动教学质量和教学水平实现可持续发展。可持续发展是社会和教育发展对学校的客观要求,也是学校不断提升自身成长的关键途径。尽管学校的可持续发展涉及多个方面,但建立科研文化对实现可持续发展仍具有必要性。

严福明校长在实践教育科研中遵循4个关键环节:

第一,让自己勤奋学习、不断提升,并树立自己的教育信念。信念是行动的基石。具备坚定教育信念的农村校长能够稳定地推进教育实践。在担任农村学校校长的 16 年中,严校长始终专注于学习和提升,他深知教育科研是农村学校持续进步的基础,关乎提升教学质量。

第二,使教师队伍认同自己的教育理念。让教师接受自己的教育理念并非易事。对多数农村教师而言,教育科研是陌生的,会被认为是专家学者的领域。教师对传统教学的依赖源于它是熟悉和稳定的。他们担忧教育改革的失败。针对这一问题,严校长并不急功近利地灌输理念,而是引导教师理解农村教育面临的现实挑战,探讨根本性问题和真正的教育目标,进而改变教师的观念和态度。

第三,寻找农村学校开展教育科研的有效途径。在农村学校实施教育科研过程中,校长扮演着园丁角色,既需要精心培育,也需要耐心等待。面对教学难题,严校长身体力行,从"深入教育一线"过渡到"积极开展科研",采用"牵手式"研究指导和"小步改革",努力让教师见证成果,增强信心,最终实现教师"群研",让科研工作在学校"茁壮成长"。

第四,推动农村学生核心素养的发展。农村学校拥有丰富的本土教育资源,但这些资源常被忽视。学校若未能将课程建设与周边资源相结合,则其目标定位便会缺乏现代性和地域性,学生发展与周边环境也不能很好协调。严校长在课程建设中重视学生的情感体验和认同,通过多样化活动激发学生学习兴趣和持久动力,让学生充满活力和朝气。

对农村学校校长而言,以上 4 个环节都至关重要,并充满挑战。如方法不当,可能会适得其反;若中途放弃,则难以取得教育成果。严福明校长在其中则展现了脚踏实地、勤勉耕耘的精神。

教育关乎国家和民族的未来。如今,我国教育面貌正经历深刻变革,教师和课堂同步转型。作为农村学校的校长,必须具备广阔视野和大格局思维,以带领全校师生稳步迈向学校发展的新征程。

尹后庆

（作者为中国教育学会副会长、上海市教育学会会长）

序　二

党的二十大胜利召开,为新时代加速建设教育强国和满足人民教育需求指明了方向。如何建立高质量教育体系,落实"五育并举"的教育方针,促进教育公平,是每位校长和教育工作者需要深入思考的问题。

有幸阅读了严福明校长的著作,深感他在农村校长职务上的担当、能力和作为。当前,学校教育面临诸多需要全面深化改革的问题。农村教育要实现可持续发展,管理者、师资、学生、资源和文化等方面都需要作出实质性变革,开展创新性探索。在严校长看来,科研赋能是解决问题、寻求发展的根本途径。没有科研,教育难以立足。科研思维必须渗透到学校发展各方面,以实现更扎实、更长远的发展。

将科研与教学、培养学者型教师队伍、课堂变革发展紧密结合,通过科研的规范化、立体化、常态化发展,方能提高学校整体竞争力。科研兴校,在某种程度上意味着引导学校管理走向科学发展,为学校可持续发展提供源源不断的动力。

书中展示的创新性探索有 3 点令人印象深刻:

第一,科研初衷十分纯粹。严校长从一名成绩优异的一线教师晋升为基础较弱的农村完中的校长,他先关注如何有效提升教育质量。教育质量是学校的命脉,只有把握住它,学校发展才能有坚实的基础。虽然"学案"并非严校长的独创,但他根据学校实际情况进行研究,找到了适合改变学生和课堂的路径,这无疑是一个成功的选择。这也说明,学校能否办好,校长的眼光和格局至关重要。

第二,科研决心令人感动。学校的教育科研工作需要校长敏锐的眼光,更需要校长的坚定决心。有人将农村教育质量归咎于生源层次,也有农村教师在努力却无法改变现状时感到沮丧。严校长不仅通过各种鼓励、动员来增强教师们的信心,更通过有效的科研手段和亲自上课等实际行动,引导教师们改变传统教育思维习惯,共享科研的乐趣和成就。当校长亲自示范走进课堂,用科研助力教学、以成绩和结果证明时,教师们自然会积极投入。学校的科研不能仅靠一个人,只有一群人共同努力,才能汇聚无尽的智慧和力量。在这方面,严校长成为一个富有力量的支点。

第三,科研恒心十分坚定。从学案到微型课题,从环保教育到活力校园建设,严校长的科研之路不断变化。从着重解决农村学校教育质量难以提升的问题,到关注不同教师、学科的多样问题,展开全面的微型课题研究,再带领师生关注区域问题,使科研真正具有意义和价值。这一路既是严校长不断思考、挖掘、改进的过程,也是为师生谋幸福的辛勤付出。

如果说教师是学生成长的引路人,那么校长则是"引路人的引路人"。优秀的校长不仅具有情怀和思想,更有能力和作为。乡村振兴,教育先行,乡村教育作为战略重点,校长的眼光、策略和作为至关重要。严校长先后担任两所农村中学的校长,都取得了显著的成绩,令人敬佩。他选择科研作为学校可持续发展的突破口,既关注集体研究又重视个人研究,同时关注校本和区域研究,多管齐下,多线并行,成果显著。这本书既是严校长科研兴校的见证,也为教育同行提供了值得学习、交流和借鉴的典型案例,推荐分享。

(作者为华东师范大学教育部中学校长培训中心主任)

自　序

在农村学校开展教育科研,能取得成功吗?

这是许多农村教育工作者感到困惑的问题。面对生源、教师素质和发展起点的制约,许多人认为这是困难的。

我在农村学校担任校长已经 16 年。在这 16 年里,我的教育理念也经历了从"全身心投入办教育"到"积极开展科研"的过程。这一路让我深刻地认识到:教育科研是学校持续进步的基石,是提高教学质量的关键。一个不开展科研的教师,顶多算是一个教书匠;一所不开展科研的学校,会彻底缺乏可持续发展的生命力。因此,我带领教师们在这条道路上不懈追求,从老港中学到江镇中学,因地制宜、因生施教。从"农村普通高中实施学案教学的实情分析及改进策略研究"到"五育并举视野下农村中学提升学生活力的实践探索",将课题研究与教育教学紧密结合,以持续性研究推动教育持续发展,在教育理念相对滞后的农村中掀起科研的热潮。实践证明:科研是学校可持续发展的唯一路径。

从"全身心投入办教育"到"积极开展科研"

2006 年,我应组织安排到老港中学担任校长。俗话说"新官上任三把火"。我上任后的"第一把火"就让教师们感到意外——亲自执教高三年级一个较差班的数学课程。这不仅因为我热爱教书、热爱课堂,更因为我深知,作为校长去劝导教师们全心投入教学、尽力付出的说服力远不及我亲自执教、身体力行的影响力。我放下了校长的身份,像以往担任普通教师一样走进了这个班级,全身心地投入教学,践行着"人人有潜能,个个能成功"的教育理念。我关注学情分析,鼓励学生学会学习,思考教师教学方法策略的改变,开始了一线教学与管理工作齐头并进的经历。我在教学中紧贴学生的认知水平,培养他们良好的学习习惯,确保学生们在每个教学环节都有所收获。尽管管理工作繁忙,我仍设法每天抽出时间批改当天的作业,及时辅导每个学生订正作业,针对性地弥补他们的不足,不让他们带着疑惑回家。就这样,我很快融入了学生的学习生活。

在真诚的交流中,班里的学生重新树立起学习信心,考试成绩逐步提升。我用事实告诉教师们,所有学生都是可以教好的。因此,以前将考试和评比的不佳成绩归咎于学生的说法逐渐消失。教务部门也坚定地要求教师:今后进行任何考试质量分析,只讨论自己对学情的了解、课堂教学效率、命题质量等教学环节的改进,而不谈论学生。教师们领会到这一点后便开始自省,并悄悄地研究起教学和学生。

随后,教师们纷纷观摩我的课堂,研究我的教学设计,并在课间来到我的办公室,一起探讨教学问题。他们主动要求上自习课,以便及时辅导学生订正错题。一时间,学校似乎形成了一股无形的力量,推动着教师们行动起来。他们不知不觉地改变了固有的学生观,也开始以一种全身心投入、亲近学生的方式开展教学。

因此,一个又一个奇迹逐渐显现。尽管表面上,教师和学生没有太大变化,但老港中学在历次考试中的综合排名却惊人地攀升。其中,高中各年级数学成绩大幅领先同类学校,个别班级的平均分数甚至进入全区重点班级的前列。我全身心地投入研究学生和教师的工作中,并与他们一起努力。这种真诚的行动足以激发全体教师的工作热情。当我因工作需要被分配到江镇中学担任校长时,我仍然保持这种做法。

然而,要使一所学校不断进步、实现可持续发展,以及在教育改革的浪潮中立足,仅依靠这些措施足够吗?答案显然是否定的。

在我看来,对于那些在工作中遇到困难的教师,以及许多无法轻易克服的难题,如果不能让所有教师都取得成功,学校的教学质量将始终面临风险。学校必须为教师的专业成长提供平台,并为学校未来发展提供持续动力。

因此,我将注意力转向了教育科研——这是农村教师通常不愿意且不敢涉足的领域。无论是在老港中学还是江镇中学,学校最初的教育科研生态都令人不太满意。教师们普遍缺乏科研意识,总是抱怨在繁忙的教学工作之余还要进行科研(并认为科研脱离了教学实践),根本没有时间和精力去完成。那些愿意进行科研的教师,往往是出于职称评审等原因,科研目的的功利性很强,于学生无益,导致学术研究变得泡沫化。当然,当时整个学校的大环境也缺乏有效的科研机制和氛围。因此,一开始推行农村科研的想法时,我遇到了许多困难。

然而,我必须做这件事,且迫在眉睫。

"教而不研,行而不远。"我必须让农村教育科研得到常态化、持久化的发展,这对于缩小城乡教育差距和寻找农村学校高质量、特色化发展具有重大意义。我深知,一个学校教育科研氛围的浓度、观念的转变以及意识的强化,与校长的态度和行为密切相关。

◎ "牵手式"教育科研引领学校走向成功

著名教育家杜威曾指出:教育即生活,教育即生长,教育即经验的改造。这意味着教育是一个不断发现、修正、改造和提升的动态过程。农村教育则是教育科研中一片未开发之地,尽管有些许荒芜,但充满着开垦的契机。先进的教育理念和观点在农村或许会带来一定冲击,但这同样也是机遇。如何开展有益于教学的研究,归根结底就是讨论如何开展校本研究。只有正确理解教学与教研的互惠关系,才能发挥教研的真正作用。所有课题研究的目的都是如何更科学地进行教学。科研需要在教育实践的土壤中才能孕育持续的可能性。同时,我不断提醒自己和教师们,教育科研不能是"喂养式"的,必须源于教师自身的教育教学问题,无论问题大小,研究成果最终都会服务于更好的教学,使其形式多样、内容多元、效率最大化。

因此,我和教师们一起开始了"牵手式"的教育研究。

◎ 校情牵手命题

那么学校应该研究什么呢?

在接触学生和教师之后,我找到了科研的方向。当时,我发现学校教师个体差异较大,其对教学难易度把握不准确。部分教师学历较高,教育教学能力较强,但对学情分析不够充分,导致教学方法无法发挥效果。学生学习基础、习惯、能力和自信心的缺失也使教与学双方难以有效磨合,最终导致教学效益不佳。我的第一个命题由此产生——学案研究或许可以成为助学校走出教育质量困境的一把钥匙。

我认为课堂的核心是"动",即让学生和教师都参与课堂,才能形成和谐的课堂教学环境,让师生在课堂上共同发展和提高。学案正是一种有效调动课堂的载体。面对新课改,要使学校教育教学有所突破,我需要寻找一种切实可行的学生自主学习能力培养模式,以全面提升学校的教学质量。学案教学模式便是培养中学生自主学习能力的有效途径。因此,连续3个课题分别从学案的编制改进、学案校本化处理、学生学习习惯的培养入手。学校以"农村普通完中以学案为载体培养学生自主学习习惯的研究"为命题,坚持研究3年,取得了令人惊喜的成效。

既然人人都说农村学校生源差,那么研究就从找"差"开始。我们研究自己,研究自己的问题,而且必须是根本性问题,即决定学校发展最基础、最具体、最实际的问题。于是,我的第二个命题产生了:如何做好学困生的转化工作。通过精准排摸,学校第一次确定了九年级学困生的名单。前期通过了解这部分学生的思想动态,彻底排摸他们的成绩情况,深入了解他们的想法。接着综合整个年级的教学状况,根据本班学生考试成绩、课堂表现、学习态度等综合表现,初步确立了转化方案。对学困生重新编班之后,为其配备有耐心、有能力的师资力量。各科教师认真制订补差计划,明确教学目标和教学内容。预设的达成目标要适合学困生的实际情况,强调落实基础。科任教师做好翔实的辅导记录,经常交流补差心得,共同提高。教务处定期对辅导情况包括对任课教师的教案、作业批改、学生反馈等情况进行定期督查。可以说,小班化教学、分层教学、有效作业是转化学困生的有力手段。学困生的转化工作长期而又艰巨,需要教师投入耐心、细心,并善于在每一阶段去找他们的闪光点,巩固成果,防止学困生的反复。

在经过不懈的努力后,学生们在学习上重拾信心,产生了追求进步的渴望。他们能够在家中与父母积极沟通,身心状态得到了很好的调整。最终,他们都取得了理想的成绩,在炎炎夏日里收到了令人欣喜的录取通知书。学校学困生转化工作能取得如此良好的效果,得益于对学情的深入研究、辅导方法的透彻探讨,以及在教育教学中不断展现的科研力量。

为了提升学校管理,我曾在两所学校以微型课题、公平教育、环保教育和活力校园为命题开展教育科研活动。这些活动旨在为学校发展提供科学引领。命题既源于校情,又致力于解决学校实际问题,得到了教师们的广泛认可和积极响应。

- "群研"牵手"个研"

区级课题和项目的研究提高了教师们的理论水平和研究能力,形成了科研发展共同体,以共同应对教育教学中的痛点和难点。然而,在深入研究后我们发现,集体研究往往关注学校层面的普遍、重点问题,而教师个体在教育教学中遇到的小问题需要其实施一系列的寻找、归纳、研究、反思和实践等个体行为。也就是说,如果"群研"能带动"个研"的个性化发展,教育科研才能真正渗透每位教师、每节课和每名学生。

因此,微型课题研究应运而生。学校鼓励教师以研究的眼光审视工作中的问题,以微型课题为抓手,开展教学研究,边工作边研究。将工作中的问题提炼为课题,通过课题研究解决教学中遇到的问题,从而提高工作效率。同时,借助学校考核制度,激发教师研究积极性,提高教师研究兴趣,促进教师专业化发展。

当时,我作为老港中学区级课题"实施微型课题提高农村中学教师教学研究能力的实践探索"的负责人,积极为教师搭建平台,解决教育和教学中的实际问题,将学校科研工作从"神坛"中走出来,走向教育教学深处。从教师问题意识调查、聘请专家组织全员培训,到微型课题范式指导和实践交流,我们的研究形成了3本微型课题成果集,参与教师达到200人次。

微型课题具有"小切口、短周期、重过程,有实效"的特征,以"问题即课题、对策即研究、收获即成果"为基本理念,具有"小、活、实、短、平、快"的特点。基于这些特点,微型课题不受学科限制,便于教师从微小问题出发探讨教学本质。由于是以解决工作中的问题为出发点,教师们只要愿意研究,就能很容易上手,使科研工作在学校真正铺展开来。

我们的研究形成了多本校级成果集,并在《浦东教育研究》《上海教育情报》等专辑中展示。教师个人的微型课题研究成果多次在浦东新区教育科研成果评选中获奖。

微型课题的实施让教师们真正学会了研究。我与学校科研室就每位教师的微课题多次进行面对面交流和修改。课题立项后,科研室在研究过程中跟踪指导,对普遍性问题集中研讨,并对结题报告认真评讲。教师们在选题和设计研究过程中学会了研究的基本方法和一般程序,改变了以往对科研的看法,理解了研究的意义和价值,增强了研究意识。

由于每学期都会征集微型课题,这培养了教师们的问题意识。他们能够及时提炼工作中遇到的问题。许多问题在成为课题后,在研究实践中取得良好效果。例如"初一随班就读生心理需求个案研究""高中数学依托'合作小组'提高学生课堂学习参与度的研究"和"农村初中语文分工合作式作文修改课例研究——以学生习作'面对美丽'为例"等都是非常优秀的研究成果。

最有价值的是,"个研"也推动了"群研"的发展。学校课题组选择不同年龄段的教师进行个案追踪研究。这些教师通过微型课题研究，在教学某些方面取得明显变化。通过这些成效分析，充分论证了教育教学科研对推动一线工作的重大意义。一个个真实的案例和一本本实在的案例集便是我们最大的收获。

• 专家与教师携手合作

我非常重视邀请专家领导和骨干教师共同为教师们打造强大的科研阵营，为他们的研究提供有力的智力支持。在这个过程中，邀请专家"请进来"同时让教师们"走出去"是最直接且有效的方式。

在与教师们的交流中，我发现对于学校举办的讲座，有些教师觉得不接地气，在农村学校难以实施；有些认为理论气息太浓，对实际教学帮助不大。尽管这些言论看似消极，但我从中却感受到教师们对专业指导和发展其实是有期待的。因此，我要求学校科研室根据教师们的微课题内容，结合当前教育改革形势，认真选择报告内容，并邀请在相关领域权威且有研究成果的专家，多角度、全方位、零距离地进行指导。

例如，"教师如何学做研究""万紫千红总是春——做一个幸福的教师"和"静待花开，教师在成长"等专家讲座旨在从宏观层面对教师科研的目的和方法进行系统指导；"以'五育融合'执'新'劳动教育""推进'双新'落实，实现学生培养的高质量"和"落实'活力课堂'的小项目设计与实施"等则针对教育改革和热点问题为教师们提供指导。为了让教师们充分理解和积极思考新课标的实施等最新、最热门的教育话题,我还邀请了浦东新区教研员深入各个教研组进行分享和研讨。在科研道路上,让专家带领着教师们前进,我们才能走得更远、更广阔。

此外,遵循"分类培养、分层评价、分步提高"的原则,我们为语文、数学、英语等11个学科的青年教师聘请了17位知名专家教师担任导师,定期开展活动,为学校的可持续发展提供强大的后备力量。通过学科专题讲座、说课比赛、基本功大赛和师生同考等方式,激发教师们的主观能动性。

记得在2021年的一场青年教师说课比赛中,一位语文教师在说课后与专家展开了深入的交流。她回家后立即将交流内容和思考写成了小论文,并在导师指导和同伴指正后迅速发表。她在与我交流时表示,教育科研并非难事,而且参与其中让她感受到了成就感。这让我感到欣慰。

本书旨在回顾10余年来我在老港中学和江镇中学开展科研工作的过程、成果及体会,分享在探寻农村学校、教师和学生可持续发展道路上的努力。我们希望通过"牵手式"教育科研方式推动学校教育改革和发展,从而真正实现教师专业成长的"放手式"培养。我们致力于引领教师们从"教书匠"走向"研究者",成为"学者型"教师,并打造一所充满未来的学校!

目　　录

第一章

探索抉择:

让科研保障学校持续发展

第一节 学校教育科研工作的相关研究

一、对学校教育科研内涵的探讨

针对学校教育科研的内涵,不同学者从各自的视角提出了不同观点。

潘国青认为,学校教育科研是以校长、教师为主体,以学校教育现象为对象,运用科学方法,有目的、有计划地遵循和探索教育规律的创造性认识活动。[①]

王真东认为,学校教育科研主要是一种以实践为中心的低重心经验研究,学校教师是研究主体,主要研究方法包括观察、访谈、案例、行动等,研究问题源于教师的亲身实践和体验。最终的研究成果必须有助于解决学校教育实践问题。[②]

[①] 潘国青.学校教育科研新论[M].上海:上海教育出版社,2005:9.
[②] 王真东.对学校教育科研科学化问题的思考[J].教育科学论坛,2003(1):12-15.

李家成、吴遵民认为,学校教育科研主体是所有教师和管理者,科研面向学校改革实践,以解决学校与教师遇到的问题。科研成果有两种呈现方式:一种是教师教育实践和学校发展实践的重大变革,另一种是书面形式的论文等。①

杨朝晖、王云峰将学校教育科研定义为"校本教育科研",即以学校自身条件为基础,校长和教师为主体,针对学校现实存在问题而开展的有计划研究活动。②

余华云、谢菁菁认为,学校教育科研是"成长科研",即教师以教育教学中遇到的实际问题为课题,运用教育科学理论和方法,共同研究,实现成长。同时,研究成果能有效解决教育教学中的实际问题。③

孙菊如认为,学校教育科研是运用教育理论,以有价值的教育现象为研究对象,运用相应科研方法进行有目的、有计划地探索教育规律的创造性认识活动。④

二、学校教育科研价值的研究

对于学校教育科研的价值,不同学者有着各自的理解。

---

① 叶澜."新基础教育"发展性研究报告集[C].北京:中国轻工业出版社,2004:225.

② 杨朝晖,王云峰.中小学应搞什么样的科研——对校本教育科研内涵特征的再思考[J].上海教育科研,2003(5):12-14.

③ 余华云,谢菁菁."成长科研"的价值、内涵与实践——以重庆市沙坪坝区为例[J].中小学教师培训,2014(6):32-34.

④ 孙菊如,周新雅.学校教育科研[M].北京:北京大学出版社,2007:3.

胡方认为，教育科研理论与实践应结合。在科研过程中，要消除教育科研与教育教学之间的脱节现象，加强理论知识与实践的紧密联系，促进理论向实践转化。同时，提高教育实践的理论水平，使实践活动有序、合理开展，真正从教育实践中孕育出实践者的教育理论。[①]

朱利霞认为，只有正确、合理地选择和判断学校教育科研的价值取向，才能在教育实践领域发挥学校教育科研的实效性。通过解决研究实践中的具体问题，不断反思，以教师发展为目的，从而体现教育科研的内在价值。[②]

郑金洲认为，学校教育科研的价值在于解决学校实际问题，提升教师教育教学水平，以及促进学校的持续发展。[③]

孙菊如认为，学校教育科研的价值在于推动教育改革与发展，全面提高教育教学质量，实现教育决策科学化，以及提高教师素质。[④]

潘国清认为，学校教育科研的价值在于提高学校办学水平，促进学校发展；提高教师素养，促进教师专业化发展；解决学校实际问题，提高教育教学质量。[⑤]

邓伟认为，学校教育科研的价值表现为：对教育，有利于打破陈规

---

① 胡方.论基于问题解决的中小学教育科研[J].教育科学论坛,2006(6):35 - 37.

② 朱利霞.中小学教育科研的价值取向[J].教育理论与实践,2007(18):49 - 50.

③ 郑金洲.改进实践:中小学教育科研的指向[J].人民教育,2004(1):38 - 39.

④ 孙菊如,周新雅.学校教育科研[M].北京:北京大学出版社,2007:6.

⑤ 潘国青.学校教育科研新论[M].上海:上海教育出版社,2005:12.

陋习,走出经验误区,保持教学活力,使教学过程成为一个不断发展变化的动态过程;对学生,使教师注重学生主体的发挥与发展,解放学生被动接受教育的状态,有利于更牢固地掌握知识;对教材,教师会对具体情境进行分析,并结合自身专业知识进行补充,以提高教材的适切性。

综合来看,多数学者认为学校教育科研是以校长和教师为主体,运用教育科学理论和方法,解决学校及教师在教育教学中遇到的实际发展问题的研究活动。这不仅可以促进学校的整体发展,还能推动教师的成长和学生的发展。

第二节　学校发展的关键问题是什么

　　2022年9月,上海市教委提出要创新义务教育内涵发展机制,多层次提升优质均衡水平。初步探索形成了学校优质均衡发展的新路径——依靠创新而非政策、依靠师资而非生源、依靠科学而非负担。以教育科研推动教育革新,为学校发展寻找新突破口,已成为许多学校正在实践的重要途径。

　　开展学校教育科研时,校长是最重要的指挥官。校长在实践过程中要发挥支撑、驱动和引领科研的作用,更要服务实践需求,坚持问题导向。

　　提出一个问题,比解决一个问题更重要、更有意义。研究表面、随机出现的问题,这样的问题就只是自上而下的任务;将现象与问题混淆,不分析和归纳现象背后的问题,那么这样的问题也只是假问题。

　　在学校建设过程中,以下是一些值得思考的关键问题:

　　如何进行针对学生发展的"真科研"?

如何培养农村教师的科研意识和科研行为？

如何结合周边资源，使科研有效赋能学校特色教育建设？

如何通过科研推动校园文化建设，保障学校可持续发展？

第三节 问题解决导向下的教育科研如何开展

一、基于学校教育科研的根本目的——促进学生发展

教育科研的出发点和落脚点都是为了促进学生的全面发展和健康成长。为促进学生发展,各种教育教学思想与教育理论都只是根据,脚踏实地地促进教育对象发展才是其根本目的。

二、基于学校教育科研的主要任务——解决关键问题

学校教育科研的主要任务就是解决真实问题。不能局限于当前的情况,要坚持问题即课题、行动即研究、文字即成果的问题解决型科研实施策略。学校必须重视以关键问题为导向,以真实问题为研究的基础,扎扎实实解决教育现实中存在的问题。否则,很难摆脱当前的困局,实现进步。

同时,解决的方式也很重要。有些学校在教科研的过程中,贪大求全、好高骛远,搞形式主义,最终导致科研成果不能真正落到学校工

作上。所以,对于学校和教育科研而言,实践具有无可替代的功能和价值。只有在实际工作中,才能找到自己关心和关切的问题,并基于问题在教育教学过程中养成观察、总结、反思和探索的习惯。

在教育科研思想与实践的探索过程中,有两个学校伴随着我共同成长。以下将分享我在老港中学与江镇中学的科研故事。

❋ 科研故事

我的老港中学科研之路

• 出路在哪里

2006 年,我从数学教师岗位来到成绩在全区倒数的普通完中老港中学担任校长。我深知,自己的职责不再仅是让一个班级教得好,而是要探索手段和方法让整所学校的教育教学质量全面提升。这不是小事,也绝非易事。

经过一段时间观察,我发现许多与我们生源相近的学校在教学活动中有共同特点——作业量大,以时间换质量。我常见到教师辛勤工作,早出晚归,但成绩却难以提高。学生的自主学习意识普遍不强,学习习惯欠佳。当时老港中学的高中招生录取分数线基本是浦东公办高中招生最低控制线。再加上教学质量不高,对本就招生困难的我们更是雪上加霜。这将导致一个恶性循环——教学质量越差,生源质量越差;生源质量越差,教学质量越差。

在面临瓶颈难以突破时，解决之道究竟在哪里？

当我深陷思考时，发生了一个小插曲：一个傍晚，我在教学楼巡视时，发现一间办公室的灯仍亮着，一名数学教师边改试卷边在叹气。我翻看试卷，发现 20 分、30 分的成绩比比皆是，难怪教师边改边抱怨。仔细一看，题目虽有难度，但普通难度的题目也没做对。教师表示已多次反复练习，那问题到底出在哪里？

我坚信，一定有更科学的方法帮助孩子、教师和学校走出困境。

· 学校的起点，成为科研的突破口

这所学校曾被普遍认为"差"，我们因此下定决心要找出其中的问题，并探索改进方法。借鉴之前参观多所学校的经验，我们大胆引入学案至课堂教学，以促进学生的自主学习。

起初，我们不急于提高学生成绩，而是鼓励教师努力帮助学生重拾自信。从班主任到学科教师，大家都努力发现问题，不论课内课外，不论何时何地。我们努力寻找教师教学的最佳起点，并探索实际可行的培养模式，全面培养学生良好的学习习惯，提高教师驾驭课堂教学的能力，从而提升学生自主发展能力，促进教师专业成长，整体提高学校教学质量。

遵循"低起点、小步骤、勤反馈、不停步"的原则，我们带领教师团队深入研究。经过全校师生的共同努力，我们发现，其中一个明显的变化是，教师在教学中更加关注学生的学情和能力，从而对学生自主学习的指导更加科学有效。与此同时，我们也欣喜地看到，学生的学业成绩有了显著提高。

自 2006 年将学案引入学校高中数学课堂教学以来,经过 3 年的努力,成效卓越。2010 年,我们从理论层面审视学校取得的阶段性成果,成功立项区重点课题"农村普通中学以学案为载体培养学生学习习惯的研究"。2012 年,在多项研究成果的基础上,我们提出新的课题"农村中学以学案为载体实施课程校本化的实践与研究"。在总结成功经验的基础上,我们规范并优化了学案,并将其纳入校本读物系列。项目化实施推动了各学科的校本开发,形成了符合学校实际且可推广到其他农村学校的校本读物。我们的学案研究屡获嘉奖,研究成果非常丰富,最终形成了初高中数学、初高中化学、高中地理、高中信息技术等校本读物,共计 24 种。

- **有底气,敢于改革**

通过找到合适的教育教学路径,我们将教师从传统的教学模式中解放出来,使他们体验到了教学的成就感和自信心,感受到了"苦尽甘来"。学校也实现了一个又一个的突破。正因为有了这样的底气,我才有了勇气对过时的教育教学管理模式进行大刀阔斧的改革。

这是我在老港中学上任后的"第二把火"。

过去,学校为了提高学生的考试竞争力,一直实行晚修课制度。教师们在白天工作 8 小时后,还要轮流值班在学校上晚修课到 9 点。有的教师带教两个教学班,几乎一周要有 4 个晚上在学校。如果一对夫妻都是教师,分别带两个教学班,那么这个教师家庭几乎一周都没有一次夫妻共进晚餐的时间。我为他们的奉献精神感动，同时为教师们的辛劳叫屈。一所学校，如果教师在教学中消耗了过多的时间，那么将无法达到工作与生活的平衡，无法拥有职业幸福感，这样是不可能长久安心于教育教学的。于是，在其他行政班子成员坚持"不吃苦、不花死工夫万万没有出路"的情况下，我认定了教学效率在课堂的道理，坚持主张取消晚自习。得益于学案研究带来的成效，学校最终实现了这次改革。

• **科研走出校园围墙**

提高了教育教学质量，学校的发展就算完成了吗？并非如此。生态环境教育的实践与研究不仅为当地社区建设做出实质性贡献，同时还激发了学生们改变现状、造福后人的愿望。这也标志着科研首次走出了校园的围墙，其内涵与意义也因此得到了更好的拓展。

老港中学位于偏远的农村，南侧有养猪场，北侧临近化工园区，东边有垃圾码头，周边环境污染问题尤为严重，居民深受其害。当地居民的不良生活习惯和淡薄的环保意识更加剧了环境恶化，家庭和社区急需学校重视环境教育。学校的学生大多住在老港，未来的工作和生活也很可能扎根于此。我认为，他们的观念改变对于这个地区未来的环境发展具有极其重要的意义。在这种情况下，科研课题"依托社会资源实施环保教育"和"依托区域资源开展生态环境教育"应运而生。

我们采用"工作项目化、项目研究化、研究责任化"的策略，依托全方位、立体化、网络化的实施，利用各级组织、参与者的特点及特长，搭建平台,分层推广,形成了立体的教育模式。基于全面性、科学性、实践性、具体性、参与性、连续性的原则,环保教育和生态环境教育呈现了全员、动态、实践、开放、自主的特点。

在"依托社会资源实施环保教育的实践与研究"项目中,学校依托周边的社会资源,如废物利用(上海森蓝环保有限公司)、无公害蔬菜(上海爽快农耕园)、空气检测(宁和环境公司)等,建立了多个校外环保基地。丰富的本土环保资源为学生环保行为养成教育提供了良好的媒介。学校通过加强环保设施建设,提高师生的环保意识,使师生掌握环保技能。

在"依托区域资源开展生态环境教育的实践与研究"项目中,我们进一步探索"活动—探究—反思"的生态环境教育活动模式,开发了以"生态环境教育"为基础的普及性读本,形成了"生态环境教育"类拓展型课程、研究型课程,并以此为基础拓展活动型课程。经过多年努力,学生们了解并掌握了环境保护、促进健康、低碳生活的相关知识,知道了环境保护的基本方法和要求,增强了环保意识,成为环境保护的积极参与者和实践者。同时,学校教师在参与课题研究的过程中,各种能力逐步提高,在学科教学中渗透生态环境教育的意识愈加强烈。指导学生小课题探究的过程也倒逼着教师的自我学习和发展。

再高的荣誉也抵不过社会、百姓的评价。我记得当时在校门口碰到一位来接孙女的爷爷,他是老港当地人。在聊天过程中,我得知在学校的课题研究中,老人家也曾作为调研对象参与其中。他感慨地说："你们做的事儿啊，造福子孙，是真好事儿。"我听了万分感慨。学校是教育人、培养人的地方，培养人的最终目的是造福社会、造福国家。我们一所普普通通的农村学校打破了围墙、打破了局限，让科研之路能走得更宽、走得更广，努力造福着一方水土。

• 科研始终在路上

多年投身教研，我深刻体会到中小学校的教育研究与专家或专业研究人员的研究存在较大差异。或许专家和专业研究人员能从更高层面发现教育规律，进而形成普遍适用的理论；而教师的研究可能更关注基于自身和学生实际情况解决教学中遇到的问题，并从中总结有效的教育经验，促进自身专业发展，最终推动学校整体发展。

"以科研促教学，开展符合校情、能够提高教学质量的课题研究"是我在老港中学建设科研工作的基本理念。"科研扎根"是理念，"校本繁荣"是成果。从理念到行动，我和教师们真正体会到了科研的"实惠"，共同探索科研对农村教育的真正意义。

❋ 科研故事

我的江镇中学科研之路

• 走出舒适区

江镇中学是一所农村普通完中，学生来源质量一般，大多数学生受各方面条件限制，学习习惯未得到良好培养，学生主动学习意识和能力有待提高。教师专注教书,通过大量作业、练习题等训练努力提高合格率;学生努力学习,缺少自主思考的学习方式导致持续发展动力不足。

我刚来到江镇中学时,发现学生朴实,教职工关系融洽、友好,一片和谐。但进一步交流发现,老教师因长期教学成果不佳,对工作态度消极;年轻教师抱怨学生难教,无计可施,逐渐在生活和工作中寻找平衡,陷入舒适区。在2011年至2018年的8年间,学校仅有4名教师评上高级职称,行政管理队伍相对老化,各类比赛参与积极性不高,教育教学缺乏创新,质量提升陷入困境。

看着占地87亩的开阔土地,宽敞漂亮的校舍,每当清晨黄昏时分,我总在想该如何重燃教师们心中的火把。

· 扔一颗石子

我深知在教育改革创新中,必须在继承发扬学校以往办学经验基础上,重新思考与整合,构建新体系,形成指导学校未来发展的新思路。于是,"创建活力校园的实践与研究"的科研命题应运而生。这是提升教师水平、促进教师自我发展的需要,也是优化育人环境,推进学生全面发展的需要。

活力学生、活力教师、活力课程、活力课堂、活力文化,这5个角度及其对应的5个课题组,从顶层设计、开题分工开始,开展了长达4年的实践与研究。科研项目的引领仿佛在平静湖面扔了一颗石子,激起了涟漪,使学校焕发了活力。我深刻认识到,一所学校走向可持续发展,科研力是唯一生命力。没有一个学校的发展可以靠蛮干成功,也没有一个孩子的未来可以靠守株待兔般等来。发展的社会、进步的农村、不一样的孩子,都需要科学地应对。

我想,我必须做那个扔石子的人。

· 如何焕发活力

问题即课题。面对诸多疑问,江镇中学决定从课题研究入手,以解决实际问题为导向。我带领教师们在区级课题"创建活力校园的实践与研究"基础上,拓展出多个小课题,涉及课堂教学与学生管理等方面。通过关注细节、发现问题、深入研究和总结经验,教师们逐渐认识到,这个过程本身就是教育科研的体现。

目前,学校每位教师至少拥有两个小课题。经过课题展示交流、中期汇报讨论改进及总结经验,教师们的科研热情得到明显提升,进而带动了职称申报的积极性。校长也竭尽所能为教师提供发表论文的机会,并邀请区教研员指导,还为年轻教师安排专业发展辅导员。

作为一名从一线教育教学岗位逐步成长起来的校长,我深知教师们都渴望发展,但对未来道路迷茫,心中难免忧虑。我用自己走过的路、积累的经验,真诚地帮助教师们。当教师们热情重燃时,各种问题逐渐迎刃而解。

值得欣喜的是,在我任职江镇中学的 4 年间,共有 1 名教师评上正高级职称,7 名教师评上高级职称,近 20 名教师参加了中高级职称预申报。学校的教育教学质量逐年提高。学校的教师多为江镇本地人,对学校有着深厚感情。尽管我是"空降兵",但我的全力付出让学校发生了积极变化,也赢得了教师们的认可和接纳。

总结即经验。2022年是我加入江镇中学的第四个年头。课题"创建活力校园的实践与研究"在以"让每一个学生都幸福成长"为主题的结题展示中圆满收官。多年研究对学校发展带来了深远影响,全体教师深感其意义的重要性。"构建高效活力课堂""激发教师活力源头""课程与活力共鸣""塑造活力学生形象""活力文化在校园中触及、感知、传播"——这些课题报告背后,是当初基于科研命题所带来的微小突破,从而把学校发展推向了快速发展轨道。

这几年来,我从专家讲座、活力课堂标准确定、展示交流活动以及反思等方面开展活力课堂研究,努力将理论与实践相结合,形成科学的理论体系,以便进行更多的检验和推广。通过各种形式,在学生和教师中开展创建活力课堂的学习和宣传。基于活力课堂的特点,课题组经过讨论制订了《上海市江镇中学活力课堂评价标准(讨论稿)》,并通过问卷、研讨、座谈等方式在教研组中讨论,而后初步确定。学校特聘上海师范大学王洁博士、教育发展研究院教师发展中心主任王丽琴对活力课堂实验项目进行专题指导,深入挖掘活力课堂的内涵与外延,重新审视活力的概念界定,指导活力课堂评价标准的修订。通过观察一系列研讨课、展示课,结合专家宝贵意见以及各教研组的讨论意见,活力课堂评价标准从1.0版本升级至2.0版本。

近年来,结合南中教育集团成立、祝桥学区办学及与洋泾中学的支教、进修活动，围绕活力课堂课题，我会定期举办展示交流活动，并在课堂中实践探究规律，积极进行教学研讨，提炼出活力课堂的模式与有效策略。学校连年初三考试合格率接近100％，优秀率不断攀升。教师们积极参加各类市（区）级公开课教学、教育教学比赛，并申报各类职称。他们互相听课评课，研讨的热情高涨。

学校对 3 类课程进行了顶层设计，形成了 Vigor 活力课程体系，关注学生的品德思想素养（Virtue）、劳动技术素养（Innovation）、文化艺术素养（Grace）、身体健康素养（Sport）、科学思维素养（Reason），旨在让学生在丰富的课程学习历程中茁壮成长。其中，社团课程尤为丰富多彩。学校提出了"让每个学生至少参加一个社团"的口号，形成了机器人、钩针编织、民乐、戏曲、体操、Scratch 编程等 38 门成熟的校本课程。从鼓励教师开设各类课程，聘请部分社团外专业教练指导，到学生自主选课，结合课后服务实施，再到定期的考核和展示，学校社团工作稳步推进，学生的多元发展得到了充分满足。

在提高学生活力方面，江镇中学制订了"活力学生评选办法"。其以"引导和培育活力学生"为最终目标。其设定的具体目标为"培养知性、自主、阳光、团结的学生"，即通过各类丰富多彩的活动，培育具有学习能力、活动能力、交友能力和创新能力的活力学生。学校借助课题提升德育活力，拓宽德育途径，通过领导机制和分层协作，丰富活动载体，细化落实策略，让学生焕发光彩，塑造健全人格，发掘梦想和兴趣，以积极阳光的心态面对学习、生活和未来，在德智体美劳等方面全面发展。

学校在遵循活力文化基本理念的基础上,抓住强校工程的有利时机,进一步调整校园环境和文化景观,使学校精神文化和环境文化协调统一,相互促进。在精神文化建设方面,学校在各楼纵向走廊悬挂图文并茂的名言警句。在室内、楼道和宣传栏中,展示师生的书画、工艺作品,并定期更新。这样就形成了流动的校园文化。学校还通过楼名、格言征集等活动,邀请师生参与学校文化建设。

经过几年的努力,在创建"活力校园"的实践过程中,在强校工程的推动下,教师在各方面都展现出"活力"的状态。作为中坚力量的中青年教师们,为校园发展注入了强大且充满活力的力量。学校也在已有的研究成果基础上结合新形势、新要求延续并开拓了新的命题。以活力促动力,以科研为本;以活力促张力,以思想为先导;以活力促示范,以发展为重点。这正是一场基于学校问题、以科研为抓手的成功的学校改革。

• 真诚感动人心

虽然初次尝试时仅仅是一次微小的改变,但这次改变波及众多方面,教师们的舒适区被打破,会出现一些抱怨和不满的声音。曾经经常听到的抱怨是:"以前的方式不是挺好的吗?为什么要改?"然而现在,我们可以听到教师们积极地说:"校长,我想尝试报高级,请告诉我需要准备什么。""校长,请帮我审阅这篇文章,看看写得怎么样?""校长,我觉得社团课程在细节上有问题,想和您交流一下。"每一位江镇中学的教师对教育教学的参与感更强烈,个人专业发展的动力更充足,精神面貌焕然一新。真诚关心教师、学生和学校,便能感动每一个人。一旦"开关"启动,工作的开展将变得更加顺畅。

学校的发展永无止境,科研引领同样没有终点,只有层出不穷的探索。科研强校是实现教育可持续发展的唯一出路,农村学校也不例外。只要齐心协力就能攻克发展过程中遇到的瓶颈和难关。

第二章

学生发展:
为学生开启一扇活力之窗

第一节 学案教学项目:培养学生自主学习

学案教学项目的提出,源于当时学生的整体成绩偏低,普遍缺乏良好的学习兴趣和习惯等问题。学案教学的最大特点在于确保课前、课中、课后 3 个阶段都从学生的学习角度进行设计,以学生的学习需求来确定教师的教学方式,有效解决学生在学习上遇到的实际问题。

老港中学的各个教学环节,从预习与思考到复习与总结,都存在较大的缺陷。教师们忙于应对考试和分数,陷入了一种机械化的教学模式,无法解决教育教学的根本问题。因此,我决定改变策略,从培养学生在课前、课中、课后 3 个阶段保持良好的学习习惯入手,以改善现状。

2006 年,我正式带领教师成立项目组,将学案引入高中数学课堂教学。经过 3 年的实践研究,我们取得了令人满意的成果。2010 年,在总结高中数学学科实践经验的基础上,我提出了课题"农村普通高中实施学案教学的实情分析及改进策略研究"。经过两年多的实践研究,以学案为载体的课堂教学改革取得了显著的成效。

2012年,我提出了课题"农村中学以学案为载体实施课程校本化的实践与研究",对学校学案教学的实施现状进行了总体观察和分析。在总结成功经验的基础上,我们规范并优化了学案,并将其纳入校本读物系列,同时推动其他各学科学案的开发。

从学生角度来看,学案的合理编制和科学使用使学生的自主学习习惯得到了明显改善,学习方式变得更加多样化。大部分学生能够积极参与课堂小组讨论、交流和合作学习。学生成绩整体呈现上升趋势。从教师角度来看,自实施学案教学以来,教师的专业技能和课堂驾驭能力得到全面提升,教育理念发生了突破性的改变,逐步形成了"以学定教"的教学观念,并在课堂中建立起良好的师生关系。

从学校角度来看,项目实施以来,学校形成了编制、使用和改进学案的良好氛围。学校的各项工作以项目研究为核心展开,通过研讨活动、学案教学展示周等丰富多彩的活动推进项目研究进程。年终绩效考核时,学校将参与项目的程度作为专项进行考核。此外,学校研究氛围初步形成,已有80%以上的教师参与了项目研究工作。

总之,无论是在学校教学管理、教研组建设,还是在教师专业发展、学生学习习惯的培养方面,项目都达到了预期目标。学校将成熟的学案印刷并免费提供给学生使用。同时,项目得到了同类学校和家长的一致好评,取得了良好的社会效益。

以下是关于开展学案教学项目的具体实践经验。

一、学案的准备

通过对学生学习现状的调查,我们发现学生的自主学习意识和学习习惯普遍有待提高。例如,大多数学生没有课前预习的习惯,课堂上以被动听课为主,很少发言,课后也很少有复习和总结的习惯等。

为解决这些问题,我们制订了3个课题:"农村普通高中实施学案教学的实情分析及改进策略研究""农村中学以学案为载体实施课程校本化的实践与研究"和"农村普通中学以学案为载体培养学生学习习惯的研究"。

然后,我们组建了研究团队。项目实施采用3级管理制度:第一级由校长室负责,主要负责项目实施制度建设和保障;第二级由科研室和教务处负责,科研室主要负责项目培训、技术指导和经验总结等,教务处负责项目实施方案的落实和评价;第三级由子项目组负责,主要负责项目在具体学科上的实施工作。

我担任总项目组组长(项目领导小组组长),全面主持项目的各项研究工作。同时,我们成立了9个子项目组,以学科、学段备课组长为子项目组长。子项目组按年段和学科分解研究任务,采用层级管理的方式。总项目组与各子项目组之间既有分工,也保持合作(见图2-1)。

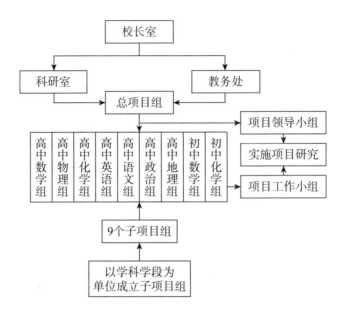

图 2-1 "学案"项目管理流程图

最后,我们编制了各种文本。根据项目的具体研究内容、时间跨度、成员分工与任务以及研究条件等因素,我们编制了总项目组工作计划、子项目组工作计划和各成员工作计划。

为了确保研究工作的顺利进行、整合教师资源并提高研究能力,我们编制了项目研究相关的制度文本,如总项目组例会制度、总项目组组长职责与任务和子项目组组长职责与任务。同时,我们编制了学案编制评价制度、学案实施保障制度和学案教学管理制度等。

二、学案的编制

我们研究的学案不同于教案或练习册。它遵循"一案三用"的原则，即一份学案分为 3 个阶段使用。学案从学生的学习角度进行设计，并以学生的学习需求来指导教师的教学，从而有效培养学生的学习习惯。

（一）学案编制的内容

学案内容的编制主要包括 3 个环节：课前预习、课堂探究和课后学习。

课前预习学案主要包括学习目标、学习重难点、学法指导（学习导向）、预习检测和疑难问题记录等。

课堂探究学案主要包括学生小组合作交流、教师精讲点拨或例题讲解、课堂练习等。

课后学习学案主要包括课后达标检测（课后作业）、学习小结等。

（二）学案编制的途径

主要通过以下两种途径编制学案：一是基于教师个体学习行为的编制与改进；二是基于教研组集体合作研讨式的编制与改进。

同时，在具体的编制过程中进行高中数学组和其他各学科的分层编制。

高中数学组采用"边总结、边改进、边辐射"的方法，即在总结前几年学案编制的经验的同时，改进原有学案使用时出现的问题，并通过课堂教学研讨和文本资料学习向其他学科辐射。

其他各学科采用"边学习、边编制、边使用"的方法，即在学习高中数学组的经验、了解相关学案研究成果（特别是学案编制策略和方法)的同时,选择知识点初步编制学案,并将编制的学案运用到课堂。

以下是具体的编制流程:

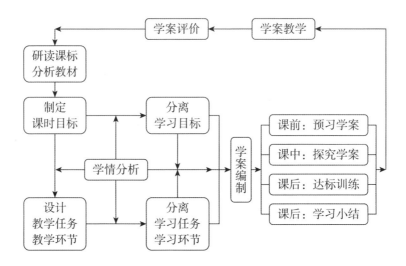

图 2-2 学案编制流程图

(三) 学案编制的原则

学案编制应遵循以下原则:

基础性原则:以国家基础型课程为基础,能够满足学生适应未来社会发展需求,同时立足于校情和学情,面向全体学生,采取"低起点、小步走"的方式,逐步引导学生从达到基本要求,到发挥潜力,最终实现飞跃。

实践性原则:课程开发应尊重学生个性差异,以学生为主体,通过学案作为载体开发校本读物,突出学生的亲身体验和自主探究,强调让每个学生真正体验学习的快乐和兴趣。

多样性原则:在分析学情基础上,编制学案要体现内容多样性,满足基础较差学生的需求,同时让基础好的学生充分发挥潜力。在学案呈现方式上,对成熟的学案集成使用,对不成熟的学案采用可修改的方式。

(四) 学案编制的方法

1. 准确确定学习目标

学习目标是学生学习活动的方向标,也是教师编写学案的基础,以及评价学案教学的主要依据。在制订学习目标时,需要提出并落实"低起点"的原则,具体体现在:理解课程目标、充分把握学情、掌握学习基础。这样制订的学习目标才能适应学生需求。

2. 精心选择学习方法

学生可以选择的学习方法有很多种,但不同个体选择的学习方法各不相同。无论哪种学习方法,只有达到学习目标且适合自己的方法才是最佳选择。

在选择学习方法时,应注意以下 3 个方面:首先,强调多样性和灵活性,避免单一化和模式化的学习方法,积极鼓励学生进行个性化学习;其次,教师在选择学习方法时,不仅要考虑具体可测性,还要尽可能关注不同层次学生的实际需求;最后,教师需通过课前学习、课堂探究、课后作业和个别交流等方式,了解学生的学习信息,使学情研究常态化,从而全面了解学生的学习状况,并选择适合学生需求的学习方法。

3. 科学设置教学问题

设置教学问题是课堂教学的关键环节,也是引导学生有效学习的途径和手段。在设置教学问题时,需要关注时间性、灵活性和连续性。

4. 合理选编课后作业

在选编课后作业方面,应遵循"小步走"原则,关注作业的数量(多少)和质量(难易程度)。作业的重点不在于多,也不在于难,而在于是否适合学生。适量且适当难度的作业有利于教师和学生在作业层面实现思维交流,发挥作业的最大效益。

5. 滚动利用作业信息

滚动利用作业信息主要包括及时反馈作业信息和及时利用作业信息两方面。

及时反馈作业信息包括课前预习信息和课后作业信息的反馈,帮助学生了解学习成果,找出问题及其根源,从而使学生的课堂学习和教师的课堂教学更有针对性。

及时利用作业信息涵盖以下几点:一是教师利用学生错题资源组织小组讨论,培养学生解决和分析问题的能力;二是教师利用学生错题资源编制课后作业,培养学生独立思考的能力;三是教师利用学生错题资源组织变式训练,培养学生类推和举一反三的能力。

(五)以人为本的学案管理

1. 人本化管理制度

学校管理的核心在于人的管理。若能调动教师、学生的主观能动性,增强他们的主体意识,充分挖掘潜能并发挥价值,培养个性,那么学校管理就实现了以人为本的目标。在实践过程中,我们逐步完善了《老港中学基于学案的基础课程校本化实施的保障制度》《老港中学基于学案的基础课程校本化实施的学案编制流程》《老港中学基于学案的基础课程校本化实施的教师专业发展制度》以及《老港中学基于学案的基础课程校本化实施的教研制度》等。这些制度充分考虑了教师发展,形成了可行、科学且有效的人本化管理制度。

2. 学案实践的人本化

以学案为载体的基础课程校本化实践研究,主要关注教师和学生。因此,我们从教师行为和学生发展两方面检验学案实践的成效。

从教师行为角度,观察基础课程校本化实施的实践成果。学案的实践既是对教师的挑战,也为教师提供了难得的发展机会,创造了独特的学习空间。在具体实施过程中,应用了示范讲解、问题探究、参与分享、案例分析、自主学习等培训方式来普及教育新理念。同时,为教师发展提供了广阔的学习舞台,包括专家引领、自我反思和同伴互助3个方面。

从学生发展角度,观察基础课程校本化实施的实践成果。基于学案的校本化课程实施,倡导新课程理念,充分了解学生情况,编制和使用基于学案的校本读物,构建以学生为中心的新课堂,让学生成为课堂的主人,赋予课堂生命力,让知识、智慧和生命共舞。更重要的是,从学生角度同样体现了实践效果。

三、学案的使用

（一）使用策略

教师在运用学案时，采取多种策略，包括二次设计、精讲点拨和二次反馈等。

学生在使用学案时，同样需要运用多种策略，如课前预习、课堂探究和课后理解等。

（二）使用方法

在运用学案的过程中，教师主要采用集体讨论、个体补充和课堂观察等方法，使得学案的使用既展示了知识的条理性、系统性和整体性，又满足了不同层次学生的实际需求。

（三）学案评价

学案评价应体现多元化和多维度特点。

从评价主体角度，需要关注学校、教师和学生 3 个方面。

从评价维度来看，学案评价应涵盖学情分析、学习目标、学习重点、预习指导、资源利用、教师活动、学生活动、课后作业和课后总结等 9 个方面。

※ 指导案例

农村普通高中数学课堂学案背景下的师生互动实践与研究

为了让教师加深对学案的理解,创新编制方法,更好地促进学生学习,我们鼓励教师参与教育科研,在日常生活和教学中积极寻找实际问题,运用科学有效的方法和理论,不断深化对教育教学改革的认识,探索适应时代要求的教育方式和途径。

在老港中学,由于教师参与教研活动的时间较短、经验较少,因此我们开展了"牵手式"的教育科研,帮助教师确定课题方向、理论、策略,并寻找有效的教学方法。例如,"农村普通高中数学课堂学案背景下的师生互动实践与研究"课题获得了浦东新区第八届教育科研成果三等奖。经过两年多的研究和实验,从最初的两个班级对比试验到后来的推广应用,我们在教学方面取得了明显成效。两个实验班在高二时,成绩位居年级倒数第一、第二。两年后的高考成绩表明,学生在成绩、学习兴趣、主观能动性以及师生关系等方面均取得了令人欣喜的进步。

教师开展科研的两个关键问题是课题的确立以及文献资料和相关数据的获取与利用。如果不能为教师提供关键性的指导和建议,或者没有考虑课题是否符合当前教育实际,可能导致教师科研选题存在问题。

2001 年秋季,基础教育课程改革在全国 27 个省、自治区、直辖市的 38 个实验区全面展开,上海市"二期课改"新课程已深入千万师生的实际生活。新课程将教学过程视为师生积极互动和共同发展的过程。认为没有互动就不存在有效教学,那些只有教学形式而无实质性互动的教学是"假教学"。

针对这种情况,结合自己的数学教学经验,我们带领教师课题组,在学案研究背景下,以"师生互动"为研究命题,梳理当前师生互动的特点、理念和实际情况,提出了 4 个"基于"。

① 基于课程改革背景下的考虑

国际数学与科学研究提出了 3 个层次的课程理念:预设课程、实施课程和获得课程。这涉及专家、教师和学生 3 个维度的课程。教师扮演着将预设课程转化为学生实际学习成果的关键角色。对农村普通高中学生而言,在课堂上良好的师生互动和生生交流对提高课堂质量具有重要意义。

② 基于农村普通高中学生数学学习的心理特点

当前农村普通高中数学教学现状表明,学生普遍缺乏学习自信心和良好学习习惯,数学成绩一般较差。课堂交流过程中,学生既担心自己的提问或回答被嘲笑,又渴望得到教师和同学的认可。这种矛盾心态导致学生心理压抑、情绪低落和意志消沉。

③ 基于农村普通高中数学教学现状

尽管教师都想深入讲解问题,但面对这样的学生群体,很多教师在课堂教学中无法放手,导致教学千篇一律,难以关注大部分学生的情感需求。师生之间缺乏感情基础和沟通,使得农村普通高中数学教学与新课程要求相去甚远。

④ 基于农村普通高中数学课堂"师生互动"研究现状

尽管"教育交往"研究在教育理论界越来越受关注,但中小学教师的研究成果相对较少。现有研究主要关注课外活动,而关注课堂交往质量的研究却寥寥无几。部分研究成果缺乏针对性和可操作性,原因包括对"课堂交往与互动"的理解不深、过于盲从,以及缺乏实用性研究。

在研究背景和依据明确之后,为深入了解影响学校数学课堂师生互动的主要因素,我们对高二年级的 90 名同学进行了调查(共收集有效问卷 79 份),并对答题结果进行了分类统计与分析。结果表明:

一方面,学生数学学习现状令人担忧,师生交流不畅、互动困难。在数学课堂回答问题方面,77.3%的同学表现被动;当被问及无法正确回答问题时,约 30%的学生关心他人评价,45.6%的同学对无法正确回答问题表示无所谓;能独立完成作业的同学仅占 36.7%。调查结果显示,利用小组合作提高学生自信心可能是解决问题的一种方法。

另一方面,在数学课堂上,学习表现较好和较差的学生在回答教师提问时表现出明显差异。认为主要原因是学习方法不正确的学生中学习较好者占 70%，学习较差者占 40.8%，其中超过一半认为基础知识不扎实。对待困难问题，两类学生都希望在引导启发后自己回答，但学习较好的学生表现更强烈。这表明学生都有学好数学的愿望。因此，非智力因素是影响农村普通高中学生数学学习的重要因素。如何在课堂上调动学生的积极性、主动性，优化师生互动，是我们后续研究的重点。

根据农村普通高中数学教学现状，我们确定了研究目标：分析制约农村普通高中数学课堂师生交往与互动的因素，探寻适合农村实际、具有可操作性的交往与互动方法及策略。研究内容和策略包括分层次提问方式、分层次提问语言、分层次提问促进师生心理交往与互动、设立"帮困"学习小组和课堂师生交往与互动媒介（如学案设计）等。

在实际研究过程中，为使科研成果能真正应用于教学实践并提高其利用率，我们将重点放在教育目标、过程和方法的创新性，而非过多关注学术论文或教案。

1. 分层次提问方式

问题是数学的核心和思维的起点。数学主要涉及解决各种问题并找到它们之间的逻辑关系。因此，问答式课堂模式在数学课上非常常见，处理师生之间的关系显得尤为重要。然而，许多教师在这方面的处理并不到位。

在仔细观察一些教师的课堂后，我们发现许多教师在提问方面下足了工夫，但在回答方面却做得不足，常常自问自答，无法给予学生充分的实践机会，或对学生错误答案的包容和引导不够。那么，如何有效提问和合理解答呢？

我们认为，首先，提问应得当且符合学生实际情况。实际上，问题能否回答以及回答程度都需要精心设计。由于农村普通高中学生数学基础不扎实，提问方式尤为重要。提问过于简单或频繁以"是不是""对不对"提问，学生往往不假思考地回答，无法达到培养思维的目的。反之，若提问含糊笼统或故弄玄虚，学生很难取得成果，课堂教学难以推进，学生可能产生畏难情绪，自信心受挫。因此，提问应切合学生实际，直击学生模糊认识，让他们稍作努力即可回答。其次，在解决问题过程中，学生难免会遇到知识或方法上的困难，难以保证准确、迅速作答。此时，教师应善于捕捉信息，准确判断问题症结，帮助学生走出思维盲区，并及时恰当地给予纠正。

为此，课题组在教学实践中认真研究并有效运用了铺垫法、暗示法、评论法和迁移法。下面分享课题组教师对这4种方法的具体阐述：

（1）铺垫法

在教学过程中，铺垫法被广泛运用。例如，在学案中设计一些课前准备性题目，有助于学生发现新知识。尤其针对应用性问题，让学生提前阅读和思考，带着问题进入课堂。这不仅节约了课堂时间，更重要的是为学习设定了明确的目标。解决问题时，铺垫同样至关重要，避免仓促提问导致难以回答的问题。例如，在讨论如何判断函数奇偶性时,应确保学生了解奇偶性概念、判断方法及函数具备奇偶性的必要条件等,这是知识背景的铺垫。缺乏必要基础的解题将是盲目的。

（2）暗示法

有时,学生在面对问题时会回答"不会做",原因可能是不理解题意或者明白题意却不知如何解题。这时,教师需要适当引导,明确问题范围,运用恰当措辞,缩小回答范围,尽量从一个角度提问,甚至可以将一个大问题分解为易于回答的小问题,以引导学生的思维。

以"求二面角的大小"为例。通常的方法是构造二面角的平面角,证明后计算。但学生往往不知如何构造平面角。此时可以提问"尝试使用三垂线定理法如何""用三垂线定理法关键是什么"等,并在解答完问题后追问"你能否用其他方法解决这个问题",逐步引导暗示解题方向。这并非代替思考,而是充分发挥教师"导学"的作用,实现师生互动与合作。

（3）评论法

在教学过程中,教师要给予适当、合理的评价。对于一题多解的问题,教师不能急于表态,应尽可能让学生的思维发散,将各种方法并列展示、比较,让学生自行评价。教师在总结的基础上进行合理点评,即使学生解答不完整或错误,也要从中发现合理之处,分析错误原因。要宽容、鼓励,而非贬斥、打击。对回答错误的学生,不能直接否定,以免挫伤积极性,而应顺势引导。解决普遍问题才具有积极意义。直接否定可能导致学生日后不愿主动参与讨论。

（4）迁移法

在学习概念、原理前，要精心设计与之相关的旧知识练习或操作，让学生充分体验知识形成过程，启发探索和迁移，以达到获得新知识的目的。例如，在讲解"直线与平面的距离"时，让学生回顾"点与点、点与线、两平行线的距离"的概念，然后思考"这些定义有什么共同特点""你认为怎样定义直线到平面的距离合理"，再提出"两平行平面的距离呢"的问题。

教师提问成功的关键在于深入理解教学内容，以及找到问题链之间紧密的逻辑关系。迁移法的特点是以旧引新，旧知识是新知识的基础和前提，新知识是旧知识的自然延伸。这种教学方法特别适用于前后章节、新旧知识联系紧密的内容教学。

2. 分层次提问

提问是数学课堂教学不可或缺的部分。简洁且针对学生认知关键的提问能够引发深入思考。数学教学有其专门语言，与语文、历史等文科课堂语言不同，它具有更高的表达要求。优秀的数学课堂语言堪称教学艺术。

从教学片段中，我们发现分层次提问的语言应具备"目的明确，言简意赅"的特点。

教师：我们已经学习了平面向量的数量积，主要包括数量积的意义、几何意义、性质和运算规则。今天我们将学习"平面向量数量积的坐标表示"。请先阅读教材。

学生阅读课本约 5 分钟后,按教师要求停止。

教师:刚才大家阅读了课本,请思考——在使用坐标表示时,对向量 MT 有什么要求?(板书)

教师期待地看着学生,希望有人回答,但没有一个同学举手。课堂变得异常安静。无奈,教师只好讲解答案,直到认为学生完全理解。

为什么学生在教师提问后不举手发言? 原因在于学生无目的地阅读教材,仅暂时形成了对平面向量数量积的坐标表示的感性认识,难以回答问题。因此,我们提出了具有"目的明确,言简意赅"特点的方法。

根据教师的教学经验和文献阅读,我们确定了分层次提问的另一个特点:"生动形象,富于表演"。基于这些特点,我们提出了相应的方法:

(1) 明确目的,简洁明了

提问的目的包括激发学生思维、解决教学难点和重点以及检验教学效果等。提问应以教学目标为导向,避免随意、琐碎,尽量简短,避免模糊、冗长,以免引起学生误解。

(2) 生动形象,具有表现力

数学语言也需要表现力。教师在使用数学语言时应具有表演性,以便学生接受、理解和吸收。未深入理解教材、未了解学生知识水平或教学经验不足的教师,往往将课本作为讲稿,这是在念稿而非教学。课堂上,数学语言应与语文一样具有丰富的感情色彩。课本语言是表演的剧本。教师应用学生熟悉的语言转述课本内容,以便于学生理解。

为了使数学教学语言具有表演性,可以从以下几方面着手:

(1) 充分树立听众意识是数学教学语言具有表演性的前提。检验数学语言合理性的唯一标准是学生能否充分理解。例如,将函数概念中的定义域、对应法则和值域分别用"原料""加工机器"和"产品"集合来形象地解释,有助于学生理解。

(2) 纠正教师自身的不良语言习惯是数学语言具有表演性的保证。教师应避免使用口头禅,如"这个""那个""啊""是不是"等,以免分散学生注意力。

(3) 一切围绕学生的数学认识活动是数学教学语言具有表演性的基础。数学语言的使用应围绕学生的数学认识活动。教师在教学过程中应灵活应对意外情况,避免过多地涉及与本课程无关的话题,以免影响学生的数学认识活动。教师还应在课外进行补救,以便更好地利用旧知识。因为数学认识深刻与否集中体现在对数学语言的内化程度上,所以数学教学语言应始终从属于数学语言本身。

3. 针对不同层次的提问以促进师生心理交流与互动

苏霍姆林斯基曾说:"让每一个学生在学校里都抬起头来走路。"作为一所农村普通高中,许多老港中学的学生在初中升入重点高中时难免会遭遇挫折,导致自信心受损。在课堂提问环节,很多学生因担心回答错误或顾及面子而选择沉默。有学生表示:"老师,我对数学有恐惧症，一上数学课就紧张。"

课堂提问应使学生在保持自尊的同时敢于发言。教师需要创造一个鼓励学生积极回答问题的环境，充分了解学生心理，努力改进提问方法。通过情感交流正确提问，尊重学生的人格，让学生在课堂上敢于提问、回答问题。教师们经过研究，提出了普通提问、微笑提问、形象提问、激励提问、趣味提问和适时提问等多种提问方法，以帮助学生营造和维持积极的心理氛围。

此外，提问方式固然重要，但更为关键的是教师要了解每个学生的心理特点，在数学课堂上关注每个学生，运用情感因素来激发他们的学习动力。课题组教师在教学反思中提到了一个学生的例子。

某学生因沉迷游戏而频繁逃课，导致成绩大幅下滑。学校曾对其进行处分。但在一次课堂上，他表现出了高度的专注。我抓住时机向他提出一个难度适中的问题（关于二面角的求解），没想到他非常出色地完成了作二面角、证明和计算的过程。我赞扬道："你很聪明。能在复杂的计算机游戏中游刃有余，证明你的智商很高，学数学是你的优势，可惜对游戏过于着迷。若能专心学习，你会是我们班级最有实力的选手。"从此，他对数学学习投入了更多的精力，期末考试成绩从原先的 40 多分提升至 81 分，位居班级第二名。

4. 建立数学帮扶学习小组

数学帮扶学习小组的设立是我与课题组教师共同关注的重要课题。许多关于研究性学习的文章都提及"合作学习"，这是研究性学习的一种方式。学生学习方式的改革是新一轮课程改革的显著特点,旨在激发学生的主体性,促使他们在教师指导下主动、个性化地学习。数学帮扶学习小组是一种有效的尝试。

首先,建立手拉手式的帮扶学习小组。选拔数学基础好、有较高威信的热心学生担任组长,将其他学生按照不同层次分类,让他们自主选择组长。最后,教师协调将学生分成每组 4 至 5 人,并为每个小组进行编号。小组的建立通常基于班级座位进行个别调整,每学期对已形成的小组小范围调整一次,尽量保证不拆开学习效果显著且具有凝聚力的小组。

其次,明确小组任务。帮扶学习小组在教学过程中能发挥作用的关键在于小组管理。在首次活动前,要举行简短的"结组"仪式,进行集体合作精神教育,让成员了解小组是一个团结合作、共同进步的战斗集体。明确组长的职责,如制订学习计划、组织学习活动、帮助有困难的同学,同时及时向教师反馈学习情况。测试后,进行组内成绩评定。

最后,开展小组活动。活动形式包括:

(1) 小组自学策略。针对学生自学可达标的内容,教师不再进行讲解,而是在课前或上课初以学案的形式分配给各个小组。为符合农村普通高中学生的特点,尽可能细化学习目标,让学生先自学,然后在组内交流。教师在巡回过程中提供指导,最后抽查一个小组,如推荐一名同学进行口述或板书。教师可以提前与组长沟通,尽量指派平时不擅长回答问题或学习有困难的同学讲述结果,以借助集体力量促进个体成长。

(2)小组竞赛方法。竞赛分为3种形式。第一种是小组抢答。为检测或加强本节课的学习效果,在每节课结束时,学案会设计成题组的形式。学生首先在组内讨论答案,然后按抢答顺序逐组回答。组员可以相互补充,如有不完善之处,其他组可提出质疑,再根据回答情况给出本组课堂活动成绩。第二种是小组互评。在课堂上,教师随机抽取两个小组,小组之间互相提问或指定题目进行比赛,其他同学评价结果。第三种是小组接力赛。为检查基础掌握情况,教师给出一定数量和难度相当的题目,每个小组轮流派出一名同学解题,遇到困难可寻求本组其他同学帮助,最后根据完成速度和正确率确定比赛结果。

(3)小组课外作业策略。传统数学教学将独立完成作业视为评价学生的唯一标准。然而,访谈和匿名书面调查结果发现农村普高学生抄袭作业现象较为普遍,主要原因是学生学习困难或难以独立完成。尽管平时作业质量看似高,但考试成绩却很差,这使数学教师倍感烦恼,认为批改作业无异于做无用功。为了消除这种现象,我们采用小组课外作业形式,在组长组织下,学生先独立完成作业,然后进行集体讨论,组长进行检查。若仍有抄袭可能,教师可确保学生在抄袭过程中理解所抄内容。针对这类作业,教师可以采取不定时、不定人面批的方式进行抽查。

5. 设计课堂教师与学生交流与互动媒介(学案)

学案是对学生学习过程的规划、学习思路的梳理、学习方法的指导,以及学习规律的总结。学案作为学生学习的"导航仪",是连接教师"教"与学生"学"的纽带。

在制订学案时,我们充分重视"以学定教"的理念。教师根据新课标要求,分析学生学情后,以课时为单位自主设计或指导学生设计。学案教学模式是一种全新的学习方式,它改变了过去墨守成规的学习模式,转而鼓励学生进行思维发现和自主探索。

以下以"等差数列的前 n 项和"为例,说明如何在学案编制和使用各环节中实现师生互动的有效性。

(1) 如何在学案中设定学习目标

学习目标是指学生在学习活动中期望在一定时间范围内达到的标准或结果,是设计所有学生活动的参照标准。因此,它也成为学案编写的起点,处于核心地位。

关于"等差数列的前 n 项和"的学习目标:

① 体验等差数列前 n 项和公式的推导过程;

② 掌握等差数列前 n 项和公式并运用公式解决实际问题;

③ 熟练掌握等差数列的 5 个量的关系,能够在知道 3 个量的情况下求出另外 2 个量。

这里的学习目标实际上是教学参考书中的教学目标或课标中的要求。教学目标应面向教师。学习目标应面向学生,目的是让学生明确应该做什么。然而,在上述目标中,学生可能难以理解"体会、掌握、熟练掌握"等动词的含义。这样的学习目标对学生来说可能变成摆设。一个优秀的学案应具备明确的学习目标、合理的学习策略、丰富的学习资源和有效的问题设计。

显然,如果学案没有明确、具体、可操作的学习目标,整个教学活动将失去方向,即无法让学生真正投入。如果将学习目标改为以下问题,学生就会知道应该做什么了。

"等差数列的前 n 项和"学习目标(修改后):

① 等差数列前 n 项和公式是如何推导出来的?

② 等差数列前 n 项和公式是什么? 利用公式可以解决哪些问题?

③ 如何进行等差数列中基本量的运算?

制订科学合理的学习目标,通常要遵循以下程序。首先,认真研究课标,使学习目标与学习环节相对应,以学定教,抓住大方向,解决核心问题;其次,关注细节,关注学生的个性发现,当然,不要将三维目标割裂,它们应该相互融合、贯穿;最后,学习目标的陈述要简洁、全面、准确、具体、可操作、可实现,避免使用"了解、理解、掌握"等概括性语言,而应使用"能记住""能说出""会运用什么解决什么问题"等具体、可检测的表述,并指出重点和难点。

(2) 如何在学案中设计课前预习指导

首先,我们来看一个以知识回顾为主的课前预习指导示例。

① 等差数列的定义与判定方法:_____。

② 等差数列的通项公式:_____,递推公式:_____。

③ 等差数列性质:若 $\{a_n\}$ 为等差数列,则 $a_n - a_m = $ _____。

这份学案的预习指导部分存在两个明显的不足。首先,它仅仅复习了上节课的内容,且只停留在记忆层面;其次,它没有引导学生真正预习本节课的内容,更谈不上深入预习。

学案的设计目的是以发现学生学习中的问题为出发点,引导学生自主预习新课知识,尝试理解基本问题,形成思考,找出知识中的疑点,并随时准备在课堂上寻求答案。其目的是指导学生进行有效的课前学习。下面是一个改进后的设计示例。

学习参考路径:请沿下列脉络预习。

等差数列前 n 项和——公式的推导——应用公式解决问题。

A. 自主预习

① 设等差数列 $\{a_n\}$ 的公差为 d,则 $S_n = $ _____。

② 等差数列 $\{a_n\}$ 的前 n 项和有两种形式的公式,你如何选取?

③ 在公式 $S_n = na_1 + n(n-1)d/2$ 中,S_n 一定是关于 n 的二次函数吗?

B. 预习自测

等差数列 $\{a_n\}$ 的前 n 项和为 S_n,若 $a_2 = 1$,$a_3 = 3$,则 $S_4 = $ _____。

在这里,我们将具体的内容问题化、程序化。首先,为学生提供学习路径,展示了教师的预习指导。学生的学习目标明确,需要完成自主学习,迫使他们查阅资料以达到有效预习。通过预习自测,学生可以自我检查是否达到预期目标。相信学生,让他们自由去尝试,让他们消化掌握的内容。这不仅节省了课堂时间,提高了课堂效率,同时也鼓励了学生进行自主学习,培养了他们主动发现问题的能力。这样的课前预习指导具有较强的操作性。每个环节都包含 3 个基本要素,即学什么、怎么学、为什么学。

(3) 如何在学案中引导合作探究

在学案课题研究中,引导学生进行合作探究是非常重要的一个环节。教师不应该仅按照自己的逻辑讲解,将学生局限于自己的教学设计中。相反,教师应根据学生课前准备的情况,运用小组合作、问题探究等方法帮助他们解决问题。教师需要在整体感知和合作探究两方面精心设计问题,将课堂教学内容整合成一个既能解决学生自学问题,又能提供新问题交流的平台。在深入讨论的基础上,学生有拓展和延伸的空间,这也为师生互动提供了良好的平台。

同时,对问题解决进行规律总结也是必要的,这是问题解决能力的提升。在解题后没有进行总结的情况下,无论解决了多少问题,都只是"只见树木,不见森林"。简单的规律总结可以由学生单独完成,教师予以补充。对于方法性问题,可能需要师生共同提炼。当然,学生是否能够在接受规律的基础上,利用规律达到"叶落知秋"的境界,还需要他们一定的悟性。

6.成效与反思

(1) 成效

1) 有助于课堂教学信息传递

在传统教学中,教师讲授,学生聆听,然后进行练习,信息传递是单向的。而小组合作学习通过组内、组间以及师生间的交流和互动,使得知识、情感和行为的传递有了多个通道。在学案平台上,可以最大限度地训练全体学生的思维能力。更重要的是,每个学生在课堂上享有平等的交流机会,受到尊重,从而增强了学习的目的性。

2) 有利于学习困难学生的转变

学案的使用培养了学生的学习习惯,尤其对学习困难的学生。孩子们的学习困难并非源于智商高低,而主要是学习方法不当。学案的使用让学生的学习有了抓手。利用学案实施小组合作学习,将不同层次的学生组合在一起,能解决个体遇到的困难。有意识地让学困生在小组内表述集体成果,在他们受到表扬和鼓励时,分享学习成功的喜悦。同时,小组合作学习为学困生营造了一个宽松和谐的学习氛围,利用群体的力量培养了个体自信心,已成为他们学习和进步的强大驱动力。

3) 有助于提高学生自我管理能力

传统的数学教学模式是教师讲授,学生聆听。课堂上,教师要管住学生,学生要按照教师的设计完成学习任务,这并不利于学生学习能力的提高和自我管理能力的培养。利用学案建立合作学习小组后,学生通过组员间的合作完成学案预设的任务,就增加了个体自主学习的机会。利用集体合力调节个体的学习活动,使学生自觉地与集体保持同步。通过学案凝聚合作小组的力量,加强个体自我约束能力,有助于提高学生自我管理能力。

(2)反思

经过为期两年多的研究与实验,项目从最初的两个实验班到后来的全面推广应用,学案在教学方面取得了显著成效。两个实验班开始实施学案时,成绩分别位列年级倒数第一和第二。两年后的高考成绩充分证明:教学质量得到显著提升,尤其是学生的学习兴趣、学习积极性、身心发展以及师生关系等方面有了明显改善。新课程实施后,深入研究数学课堂师生互动与交流、培养学生创新能力、展现数学课堂的本质以及让课堂回归学生显得尤为重要。然而,学案设计如何更有效地促进课堂师生互动,这一点仍有待探讨。

我们所研究的问题仅仅是一个起点,许多内容需要在未来的实践中进一步丰富和完善。课堂教学过程中的师生互动在新一轮课程改革中始终是一个持久的话题。只要坚持研究和改革,必定能够构建良好的课堂氛围与和谐的师生关系,以推动新课程的稳步实施。

如何在学案中保留师生互动的痕迹?如何将师生互动的成果从课堂延伸到课外?以学案为载体,以师生互动为关键,培养学生的学习习惯成为一个值得探究的问题。

第二节 活力学生项目:
打造充满活力的学生群体

随着人们生活水平的提高、城市化的发展以及家长对优质教育资源的需求,农村中学中大量本土优质生源不断流失,取而代之的是大量外来务工人员子女的涌入。同时,由于各种政策层面和家庭层面的限制,农村中学学生生机与活力明显欠缺。2018 年江镇中学被列入市级"强校工程"名单,同年,江镇中学根据《上海市初中学业质量绿色指标》对 6~9 年级学生进行了各项检测。结果显示,学生学业标准达成度及艺术素养相较于本区平均水平均低了 5 个百分点,心理健康指数低了 3 个百分点,学生学习自信心指数、学习动机指数都与本区平均水平相距较大。然而,截至 2022 年 5 月新一轮的学校绿色指标综合评价结果显示:我校的学生学业标准达成度、艺术素养、心理健康指数与本区平均水平大大缩小,学校学习自信心指数、学习动机指数已达到本区平均水平。这无疑向我们反馈了课题引领下的活力学生项目的建设是卓有成效的。

以下将具体陈述我关于开展活力学生项目的实践经验。

一、培养活力学生

（一）活力学生的基本特征

《现代汉语词典》将"活力"解释为"旺盛的生命力"。叶澜教授创立的"生命·实践"教育学派尤其关注教学领域中师生的活力。她在教育论述中多次强调教师与学生的活力的重要性，并且尤其重视教学中学生自主能力的培养。她还在专著中专门用一章的内容来论述教育中应该关注"人"，关注教育对生命的巨大影响。

于蔚华提出学校教育必须将"人的空场"转变为"生命的在场"。教师始终不能忘记和忽视人的生命存在。"知识的传授"和"智慧的开启"最终都是为了"点化或润泽生命"，也就是为了"立人"和对人生命的成全。

学生时期是人生发展和道德品质形成的关键阶段。培养活力学生应成为每所学校的终极目标。在我看来，活力学生应具备以下特征：

第一，具有博学多识和乐于学习的品质。博学多识是中华民族的传统美德。要做到博学多识，学生需要努力学习，具有高尚的品格，明辨是非，避免粗鲁行为。农村学校的外来务工子弟较多，为人朴实，但有时行为习惯欠佳，需要投入更多精力教育。我们期望学生通过课本知识学习、人际交往学习和品格塑造学习，成为新时代热爱祖国和党,具有理想抱负,热爱学习思考,勤于实践锻炼,拥有强烈求知欲和上进心的优秀青年。

第二,具备思想自主、活动自主、情感自主和责任自主的能力。李源潮同志曾提出一个发人深省的问题:"孩子长大成人,决定性的变化是什么?"他明确表示,决定性变化是自主,包括思想自主、活动自主、情感自主和责任自主。确实,无论是道德准则、价值观念,还是德智体美劳发展的要求,只有当它被学生主动追求,获得亲身体验并变成个人信念时,才能真正成为学生的精神财富和自觉行为。也就是说,只有当孩子的生命呈现自主色彩,他们的生命过程才会变得积极,才会具有活力,个体才具有独特性和创造性。因此,在学校生活中,要引导孩子逐渐从自然人向社会人转变,关注学生的社会化进程、文化影响、价值内化和社会角色形成,以激活学生特有的社会化功能。

第三,具有积极向上、乐观进取的品质。这包括乐于与他人相处,人格完整、和谐,在气质、性格、能力、兴趣、动机、理想、信念和人生观等方面能够得到平衡发展;对外界刺激不会有偏激的情绪和行为反应,待人接物能采取恰当灵活的态度;明确学习目的,培养对学习的兴趣,将学习视为乐趣并主动参与;在困难和逆境中,保持乐观情绪,增强自信心;具备适应环境和处理问题的积极能力;保持阳光、乐观、健康的心理状态。

第四,具有团结协作、互帮互助的精神。如今,独生子女家庭日益增多,各种原因导致许多孩子存在以自我为中心、不愿与他人团结合作、忽视他人价值的问题。因此,团结协作是培养活力学生必须大力提倡的一种学习方式。

总之,活力学生应具备博学多识、自主能力、积极向上、团结协作等特质。培养这样的学生,将有助于塑造具有健康心理和优秀品质、实现全面发展的新一代青少年。

(二)培养活力学生的实施内容

以培养"自主、阳光、团结、知识渊博、追求梦想的学生"为具体目标,通过丰富多彩的活动,如活力阅读——成为知识渊博的青少年,活力班级——成为自主的青少年,活力艺体——成为阳光的青少年;活力小组——成为团结的青少年,活力劳动——成为勤劳的青少年等,培育具有学习能力、活动能力、交友能力、创新能力的活力学生。我从以下方面进行具体实践。

1. 制订分级培养目标,分层推进学生培养

通过探讨活力学生的基本特征、培养路径及方法,分年级进行培养。具体培养目标如下:

六年级的学生需要具备自主学习、自主管理能力,能自觉规范个人基本行为和习惯,培养成为"江中自主好学生"。

七年级的学生需要学会面对困难,具备良好心理素质;在独立自主、自我管理基础上,养成良好行为习惯;保持健康、乐观心态,培养成为"江中阳光好学生"。

八年级的学生需要具备个人抱负与事业相关性意识;具有正确价

值观和初步人生观；学会团结协作与进步，逐步扩大全面发展的广度和深度，培养成为"江中同心好学生"。

九年级的学生需要进一步增强个人抱负与事业相关性意识，并逐步体现在行动中；学会积极阅读，快乐学习，夯实学习基础，努力发展个性；具备逐步适应学校、家庭和社会所必备的全面素质，培养成为"江中知性好学生"。

高中年级的学生需要初步认识到个人梦想与国家梦想之间的紧密联系，既要有理想，又要有思想；在基本形成正确价值观、人生观的前提下，逐步树立正确的世界观，具备自主、阳光、团结、知识渊博的优秀品质，并能与初中部同学结对，互帮互助，共同成长。

2. 加强前期管理、宣传和队伍培养工作

为确保"争当活力学生"活动的有效实施，我从管理入手，通过建立完善的组织领导机构，采用德育处、团委、少先队共同协作的方式，让班主任作为活动小组成员，全面负责该课题的策划、指导、组织管理工作。领导小组制订分年级目标及具体计划，各班主任根据班级情况具体贯彻落实并反馈。

通过学习，转变旧观念，形成新的评价观念。面向全体学生，构建全面、公正、科学的评价体系，激励、引导、促进学生争当活力学生——即自主、阳光、团结、知识渊博的学生，推动学生全面发展，促进学校活力教育，力求覆盖全校初、高中学生，积极营造培育活力学生的良好氛围。

要充分发挥班主任作用,即通过会议、沙龙、讲座等形式,让班主任对活力学生有认识、有思考、有创新。努力培养一支具备专业理论知识、较强活动能力、团结一心的班主任队伍,为引导和培育活力学生积累师资力量。

3. 创设多样活动,营造活力校园氛围,搭建发展平台

品牌打造,社团引领

充分打造各类活动如"红五月歌会""十佳歌手大赛""学雷锋纪念活动""社区志愿者服务""元旦文艺汇演"等,以及由各种社团开展的让每个人都参与其中的社团活动。通过聘请外部教师和校内辅导员的方式,为学生提供更多展示自我、接触社会、释放潜能的机会。

纪念活动,丰富形式

重视各类纪念日系列活动。充分利用重要节日、纪念日,如教师节、中秋节、国庆节、重阳节和建队日等,有计划地组织开展形式多样的系列主题教育活动,如教师节感恩活动、中秋节猜灯谜活动、迎国庆活动、建队日换巾换队标记仪式以及"领巾喜迎二十大"系列活动等。通过多样化、内容丰富的活动,为培养阳光学生搭建平台。

多彩实践,融入社会

积极组织各类社会实践活动,包括传统的春秋游,以及与各类实践基地(如地质科普馆等)建立合作关系,组织各种形式的社会体验活动,帮助学生培养兴趣,激发其热爱社会的情感;同时,在寒暑假期间组织社会考察活动,致力于锻炼学生的身心,培养他们健康向上的

活力。

参与竞赛，不断进步

积极组织学生勇于展示自己，多参加市、区或集团的竞赛，为学生提供更多机会，让他们更加勇敢、积极、阳光和进步。在校内组织各种形式、各个层面的比赛。特别是针对各个年级不同的分层目标进行"自主、阳光、团结、知识渊博"学生的评选。

此外，在常规德育活动中开展"温馨教室"的创建活动。努力营造优雅、整洁的环境，增强对学生身心发展、道德品质以及品德情感的熏陶，为学生营造一个愉悦、和谐的教育氛围。

我们希望通过丰富多彩的活动和实践机会，培养学生们具备自主、阳光、团结、知识渊博等品质。同时希望通过这些活动搭建一个平台，让学生在学习和成长过程中更好地融入社会，培养其积极向上的活力。我们将继续努力，为学生提供更多有益的实践和锻炼机会，以激发他们的潜能，帮助他们全面发展。

（三）培养活力学生的实施成果

在学校内，我们组织各年级的学生参与统一的学习活动，确保他们明确"需要学习什么""接下来将如何学习"以及"如何呈现所学内容"的目标。通过这些学习活动，我们旨在转变观念，形成新的评价标准，并让全体师生都了解这一德育培养目标。此外，我们还面向所有学生，构建了一套全面、公正、科学的评价体系，以激励、引导、促进他们成为活力学生。

为了让教育全面覆盖全校初中和高中学生，我们积极创造有利于培养活力学生的良好氛围。学校通过多种途径，广泛开展各类活动，努力为培养活力学生创造条件。具体措施如下：

1. 评价标准引领，分层落实

在实施活力学生培养项目的前期，德育部门组建了自上而下的学习研究团队，包括分管领导、部门领导、年级组长以及班主任，让他们共同探讨活力学生的基本特点、培养路径和方法。

为了全面深入实施素质教育，促进学生综合素质的全面提高和身心的健康发展，培养学生具备积极向上的情感、态度和价值观，提升道德品质和公民素养，我们将培养目标设定为"自主、阳光、团结、知识渊博"，并针对不同年级进行细化实施。

2. 运用德育读本，构建特色课程体系

楷模教育一直是学校德育工作的重要抓手。在培养活力学生的活动中，我们将楷模教育与活力学生培养相结合，以楷模引领学生发展，并将活力学生教育始终贯穿其中。在理论方面，我们编写了楷模德育系列读本《踏着榜样的足迹前行》(4 册)，分别为六年级的《从追梦开始》、七年级的《以榜样为师》、八年级的《向楷模致敬》和九年级的《与优秀同行》。

《从追梦开始》以立德为目标，主题内容围绕孝敬父母、爱岗敬业、诚信立身、宽容善良的楷模故事；《以榜样为师》记录了李洪占、蒋国珍、黄大年、胡双钱等人的感人事迹；《向楷模致敬》向学生们展示了战疫英雄、科研先锋、和平护卫者等楷模人物的身边故事；《与优秀同行》以培养学生的爱国主义情怀为德育目标，内容包括以爱我中华、大国工匠、忠于祖国和不畏牺牲为主题的楷模故事，并辅以职业生涯教育模块，旨在为初三和高中的学生提供全方位的支持和教育。

我们始终认为，在新时代背景下，特别是在农村学校，楷模教育仍然是提升学生道德水平、激发学生内在活力的重要途径，也是提升学生综合素质的关键载体。楷模教育是学校教育中不可或缺的环节，在楷模教育的过程中，学生可以感受楷模人物的优秀品质，学习楷模人物的精神，从而成为更好的自己。

3. 团队协作，强化自主管理

我们始终坚持以学生发展为核心，促进学生健康成长。通过"自我管理、自我教育、自我服务"，提升学生的整体素质。培养他们的主人翁意识、民主意识、责任意识和荣誉意识。德育工作与团队工作有效配合、衔接后，学生自主管理能力得到了显著提高，这也是活力学生的一个重要体现。

例如，成立由大队部干部和各班干部组成的"学生自主管理委员会"，定期检查各班的黑板报、中队角、卫生情况、团徽和红领巾佩戴情况，确保组织有序、自我管理严格。各班主任让学生充分利用《班级自主管理手册》，开展自主、有序的班级管理工作。政教处、团委、少先队定期对各班自主管理情况进行考核，评选出"示范班""文明班"。班主任推荐后组织校内评比，评出"十佳自主学生"，以树立榜样，并宣传引领。

学校团委、少先队定期召开团代会、少代会。学生自选代表,自建团队,自主办事,形成了学校良好的自主管理梯队。成立学校少工委,由教师代表和学生代表共同组成。"校园的绚烂色彩,由你来决定""喜迎70周年校庆校标征集""校园啄木鸟纠错行动"等活动,由全校师生共同参与,这充分体现了学校的民主原则。在团队干部的带领下,微团课、微队课由学生主讲。"队长学校"成为学生们展示才能的舞台。

4. 活动多样化,拓展培养平台

学校德育部门、团委和少先队通过组织各类文艺、体育、书法等活动,鼓励学生积极参与,培养他们积极健康的心态,让学生在繁忙学习之余参与有益于身心健康的活动,学会团结协作。这样,学生才有机会登上更广阔的舞台。

品牌活动持续创新

每年3月的"学雷锋活动月"会有爱心义卖、小小志愿者服务、爱心书架和公益绘画等活动。用爱心传递正能量,能激发学生的善良,彰显学校特色。5月和10月的红歌会以及班级歌唱比赛,如"国歌声声入我心,小百灵唱响新时代",从唱国歌到唱红歌,已成为特色活动。此外,还有大型诵读比赛等活动备受学生欢迎。学校还会举办庆祝儿童节的主题活动,如"领巾飘扬心向党,活力少年勇追梦""疫路有你,争做新时代好队员"等。"奋斗共青春,筑梦再远航""青春不散场,梦想再起航"是初三、高三毕业典礼暨初三离队、高三 18 岁成人仪式活动,每年给师生们留下深刻的印象。

科技艺术节展示特长

在科技艺术节上,涌现出许多在文艺、科技、手工等领域有特长的学生;还有很多时事宣传类的活动,如"江中好少年　共抒浦东情""我为浦东献礼"等浦东开发开放 40 周年系列活动,得到了全校师生的积极支持和热情参与。

多样社团丰富校园生活

为了丰富学生的校园生活,实现个性化发展,全面推进素质教育,学校鼓励教师依据自身特长,积极创建校园社团,进行小班化教学。学生可根据兴趣自主选择,将爱好逐步发展成特长。每周二中午和周五下午,学生们可跨越班级限制参与社团活动其活跃的身影成为校园一道亮丽风景。从社团创建到报名、课程安排等环节均已常态化。社团成员还会自主制订章程、设计标志、管理日常工作。

社团涵盖文化类(如诗词鉴赏社、英语戏剧社、诗朗诵社、配音社)、艺术类(如手风琴社、合唱团、陶艺社、素描社)、体育类(如足球社、乒乓球社、踢跳社、太极社)、手工类(如橡皮章社、烘焙社、纸艺社)等类型。学生社团充分发挥创造力和领导力,其影响力不断扩大。学校利用社团凝聚学生、展示群体特色,打造品牌项目,对活力学生培养和校园文化建设起到了重要作用。

足球特色全面推广

足球传统项目建设不仅能推动学校足球运动的普及和提高,也能丰富学生课余文化生活。学校持续开展田径赛、学生广播操大赛及足球赛等活动。如今,足球热身操、足球对抗赛已推广至各班级,每个班级都有自己的足球队和啦啦队。每年4月至5月,学校会用一个多月时间开展"我运动、我健康、我快乐"足球大赛,丰富学生体育活动内容,培养学生自我锻炼和自我组织能力,使体育活动生动活泼、丰富多彩。

学校积极宣传足球文化,设立班级足球角,并开设"阳光、体育、健康"足球专题宣传橱窗,宣扬足球知识,树立体育楷模,让学生学习他们的拼搏精神,提高学习动力,同时丰富校园文化,打造活力学生。近年来,学校体教结合特色不断拓展,新增了皮划艇、攀岩等项目内容,受到学生欢迎。

纪念活动展现能力

学校重视各类纪念日系列活动,充分利用重大节日,组织开展形式多样的主题教育活动,如"教师节感恩活动——心念师恩 情满江中""五四运动100周年主题团日——青春心向党 建功新时代"等。同时举办"母亲节系列活动——微家书传家风"等。

社会实践展现自我

学校积极为农村孩子争取外出比赛机会,努力为他们搭建平台,借助集团、学区和社区共建单位资源筹备各类活动。在此过程中,学生学会展现自己，拥有竞争力和自信心，变得更加勇敢、积极、阳光和进取。

我们举办了新加坡研学之旅、"中国的'奥兰多'"常州研学营、"跟着课本游绍兴"暑期研学营等研学活动，以及秋季社会实践活动、"致敬消防员　知识记心间"消防大队实践活动、暑期公益劳动和爱国主义教育活动等。与浦东新区重度残疾人寄养院开展"环保微课——暖心公益行"联谊活动、绘画活动、趣味运动会等，为学生成长提供广阔空间。

二、开发活力课程

活力课程旨在发挥学生的主观能动性，改变过去过于注重知识传授的倾向，强调培养积极主动的学习态度，使学生在掌握基础知识和基本技能的同时，学会学习并形成正确的价值观，这是 21 世纪课程改革的必然趋势。活力课程的开发正体现了这一方向，同时激发学生、教师和家长的活力，提高学校的凝聚力和吸引力。

（一）活力课程的基本特征

活力课程包含了所有能让学生充满生命力的教育教学活动。其基本理念是"以学生为本，充分发展个性，享受成长，让学生充满生命力"。活力课程从课堂、教师、学生这 3 个层面实施。

活力课程开发关注学生知识与技能的习得，更注重思维的深化；既关注学习本身，也关注学生生命的成长和发展。它具有以下 3 个基

本特征:

第一,活力课程是开放、生活化的课程。活力意味着保持生命力和创造力。因此,活力课程旨在张扬学生个性,丰富学生体验和激发学生创造潜能,是具有实践功能、内涵德行发展的开放课程和生活课程。

第二,活力课程是自主探究、合作分享的课程。活力课程关注学生生命的本真特点,重视学生在参与、探究、协作和分享的过程中体验生命的认同感和归属感。这有助于学生在生成新知识的同时,形成对生命意义的正确理解和追求,促进学生全面发展。

第三,活力课程是科学、高效、充满活力的课程。课程是教育教学活动的基本依据,是教师传授知识的手段,是学生学习知识的载体。在学习和传授过程中注重科学性和高效性,才能让课程充满活力。

(二) 开发活力课程的实施方法与策略

为了确保活力课程的成功实施,把"先做后学、先会后学、先学后教、以学定教"的课程理念植入课堂,从而实现学生在充满生命活力的课程上有效地学,促进学生素质的全面和谐发展,需要采取以下系列策略。

1. 结合实际,深挖各种资源,大力开发活力课程

根据师资情况、实践经验和地区资源,我把活力课程按培养目标分为文化艺术素养、科学思维素养、品德思想素养、劳动技术素养和身体健康素养 5 大类群。

文化艺术素养课程群包括语文、英语、历史、地理、唱游/音乐等基础型课程，阅读、书法、朗诵、戏曲、英语口语、民乐、口风琴、舞蹈、合唱等拓展型课程，还有一些指向问题研究的研究型课程。

科学思维素养课程群包括数学、物理、化学、生命科学等基础型课程，Scratch 编程、奥数等拓展型课程，还有生态环保、机器人、七巧板、九宫格数独等研究型课程。

品德思想素养课程群包括品德与社会/道德与法治基础型课程，家校课程、社团课程、活动课程等拓展型课程，还有走进律师等研究型课程。

劳动技术素养课程群包括信息科技、劳动技术等基础型课程，艺术创想、毛线编织、建筑模型、钩针编织、创意拼盘等拓展型课程，还有一些研究型课程。

身体健康素养课程群包括体育与健身基础型课程，皮划艇、攀岩、足球、篮球、排球、乒乓球、羽毛球、围棋、象棋等拓展型课程，还有心理等研究型课程。

以上活力课程的实施能够充分调动学生的积极性，促进他们全面发展，使学生在愉悦的学习氛围中提高自己的素质与能力。这将有利于培养学生的创新精神和实践能力，为他们未来的发展奠定坚实的基础。

为了满足不同学生的学习需求，我们需要根据学生的学习水平、教育背景和个性特点来研发校本课程，并设置科学合理的课程。针对不同层次学生群体,我们应开发科学有效的教育管理模式,发挥每个学生的优势潜能。分层教学和走班制等教学管理制度改革,为不同类型的学生提供了适合的课程。我们尤其鼓励教有余力的教师,利用自己的特长和兴趣开设特色课程,大力开发和整合拓展课程。针对不同学生的需求,我们需要进一步完善课程内容,并以第二课堂行动、兴趣班等多样化的方式给学生更多选择。

同时,我们需要整合家长和社区资源,将不同年龄的学生融入课外活动,让他们有机会接触社会,与社会互动,激活原有的知识储备,并体验与传统学习方式不同的学习途径。

2. 建立活力课程组织机构,加强课程实施的指导与培训

为加强课程实施的指导和培训,我们需要建立活力课程组织机构。首先,设立课程领导小组,负责制订活力课程的实施方案、课程管理的有关规章制度并组织实施和考核。同时,以集中培训和个别学习相结合、走出去和请进来相结合的方式,对实施活力课程的教师进行培训,提高他们活力课程的授课能力,支持其打造受学生欢迎的品牌课程。

第三章

教师成长：

让教师成为课堂上的专家

第一节　微型课题项目：培养教师具备科研能力

过去，"传道、授业、解惑"是我们对"师"的定义。我们将知识和理解传递给孩子，成为他们学习的起点。因此，我们都成了教书匠，每年每日不断辛勤工作，加班加点。提到教育科研，我们往往认为这是专家的领域，很难做到，这削弱了教师的研究意识和能力。于是，为了帮助教师转变观念，解决教育教学中的难题，成为研究型教师，我提出了做微型课题的设想。

自 2010 年起，我在老港中学就开始了大量市、区级课题研究的工作，以推动基础课程校本化的实施。这些研究都以学案作为载体。

从学校发展角度看，科研工作是有成效的。但从教师个体专业发展来看，仍存在很大局限性。教师参与课题研究主要是编写学案，部分教师撰写的研究文章较为肤浅，操作层面多、理性思考少；教师参与研究的积极性还需要加强；此外，某些学科不适用于学案，限制了教师的全面参与。

为了让教师在工作中研究、在研究中工作，将研究与日常工作结合,用研究的眼光看待工作中的问题,用研究的方法解决工作中的问题,真正从教书匠转变为研究者,成为学者型的教师,我设想从教师教学中的实际问题出发。为此,我设计并开展了"实施微型课题提高农村中学教师教学研究能力的实践探索"项目。以微型课题研究为平台,以解决教师教育、教学中的问题为目的,鼓励教师全员参与研究工作。

接下来,我将详细介绍关于开展微型课题项目的实践经验。

一、微型课题的概述

微型课题(或称微型科研),是指将日常教育教学过程中遇到的问题及时梳理、筛选和提炼,使之成为一个课题并对其深入研究。它是一种基于小问题,针对性地对其有效探索的草根式教学研究。

这个项目主要从以下 3 个方面展开:首先是现状调查分析。通过问卷调查(前测)和访谈了解教师科研现状,特别是对教育教学问题的态度以及对课题研究相关知识的掌握程度。可将问卷分析的结果作为教师科研能力的基本情况。其次是教师能力提升分析。通过两种方法了解教师研究能力提升情况:一是问卷调查(后测),对比前测数据变化情况,了解教师研究意识的变化;二是通过实践测试(提供一份教师的微型课题申请报告,让其他教师修改,分析修改后的完善程度)了解教师研究能力的变化。最后是落实过程管理。科研室制订切实可行的研究方案,通过任务驱动、培训交流、年终绩效等手段促使教师们参与研究。每学期科研室制订科研工作计划，要求教师们申请微型课题进行研究，每年每名教师至少完成一篇微型研究课题的结题报告。无论质量高低，先树立正确的研究态度，强化研究意识；再让教师多次参与，以促进教师研究能力的提高。

此外，为确保项目的顺利实施并取得成果，我采用了"全员培训与部分参与相结合"以及"日常工作与研究过程相结合"的策略。

全员培训与部分参与相结合

每学期至少组织两次教师全员培训。第一次在开学初，学校科研室从微型课题具体操作方面对教师全员培训，主要内容包括微型课题选题原则、微型课题方案设计、研究方法选择、微型课题成果表述等。第二次在期中，聘请专家从理念方面对教师全员培训。同时，科研室设计了适合学校教师实际的微型课题申请范式，创造公平的研究平台，使各学科教师都能参与。在培训过程中，鼓励全体教师选择工作中遇到的问题，提炼成微型课题参与研究。

日常工作与研究过程相结合

选择"微型课题"研究的出发点在于不增加教师负担，要求其把教育教学中遇到的问题作为研究基点，有意识地关注解决问题的过程并把解决问题的策略归纳为经验。这种研究仅仅是在教育教学过程中加入研究的成分，并把日常工作与研究过程结合起来，目的是真实解决工作中的问题，提高教育教学工作效率。

通过这种策略，可以调动教师参与科研的积极性，提高教师解决教育教学问题的能力,使教育教学工作更加高效。同时,这种策略也有助于打破教师对科研的认识误区,让教师意识到研究不只是专业人员或专门机构的工作,其实是与自己的日常教学工作密切相关,可以让工作更轻松、更有效。

二、微型课题项目的实施

(一) 教师科研现状调查

在前期阶段,我们需要了解学校教师的科研基本情况,包括教师对科研的态度、对科研与日常工作关系的认识,以及已有成果等方面。这将有助于梳理学校科研现状和存在的问题,为微型课题项目的实施提供参考依据。

我们的问卷设计包括 26 个问题。共有 110 名教师参与调查,占全校教师的 96.5%,收回有效问卷 100 份。通过对问卷数据的分析,我们得到了以下信息:

教师们对参与教科研工作的态度较正面。大部分教师对教科研没有抵触情绪,但仍有 40% 的教师认为科研在教学中"无所谓"或"完全没必要"。我们分析这部分教师可能完全依赖经验教学,深受经验主义影响,不愿意或不擅长对教育教学中遇到的问题进行深入研究。大多数教师未能参与科研工作的原因看似"客观",但实际上我们应该从两个方面来认识:首先,我们无法改变"忙"的现实,但可以思考哪些忙是不值得的;其次,在忙的前提下,我们要研究"减负增效",从而真正实现科研对教学的促进作用。

绝大多数教师对教科研工作的认识到位。虽然一线教师工作量大，可能担心参与教科研工作任务繁重，但他们对教科研的认识大多是正确的。在问卷中，54％的教师认为科研对教学水平有提高作用，而认为与教学水平无关的仅占13％。另外，43％的教师认为中学教师开展科研与提高自身素质相互促进，15％的教师认为科研能促进教师成长。这些数据表明，大部分教师认为教科研有助于提升教学水平、提高自身素质，并促进个人成长。

54％的教师认为"科研有助于提高教学水平"，而58％的教师认为"中学教师开展科研有助于提高自身素质"。这两个数据与认为中学教师有必要进行科研活动的60％相近。这些数据表明，大部分教师相信科研可以为他们带来实际益处，有助于其提升能力。教科研是教师专业发展的重要推动力，能引领教师走向成功。但也有一部分教师未能认识到科研对提升自身能力的重要性，或者认为科研与教学是截然不同的领域。

教师缺乏内驱力。在问卷调查中，24％的教师从未考虑过申报课题，43％的教师有想法但未付诸实践，33％的教师有想法并已实施。近七成教师虽有课题研究的想法，但并未付诸实践。

对于在教学过程中是否能发现存在的问题或困惑，51％的教师表示"经常"，49％的教师表示"偶尔"。在解决困惑方面，许多年轻教师往往选择模仿他人，这部分教师实际上需要进行研究。

在参与科研活动的动机方面,32％的教师选择"提高教学水平",11％选择"满足求知欲",24％选择晋升职称,32％选择履行学校规定。这表明教师在科研方面缺乏内驱力。

教师科研意识不强。在对教育教学过程中的现象或问题进行深入思考、分析研究并总结记录方面,4％的教师表示从未加以思考,83％偶尔会思考,13％经常思考并加以记录。

对于是否经常阅读与自己学科相关的刊物,23％的教师表示"经常",76％的教师表示"偶尔",1％表示"从未"。这说明教师们在科研意识方面表现不强,可能在教学过程中持续使用相同的教学方法,缺乏科研助推,难以实现教育教学的螺旋式上升。

教师欠缺科研训练。在回答"查阅资料时能否迅速选出所需资料"的问题时,23％的教师表示能很快找到,65％觉得一般,而12％的教师则认为很慢。当被问及在科研活动中所使用的科研方法时,32％的教师使用经验总结法,17％采用调查法,14％选用观察法,8％应用实验法,13％使用比较法,16％采用文献法。在询问是否经常阅读教育理论相关书籍(如教育学、教育心理学、科研杂志)时,20％的教师表示"经常",而80％的教师则选择"偶尔"。

受限于时间和精力等因素,大多数教师更注重实际教学工作,如备课、授课、辅导和批改作业。在这种情况下,科研活动对他们而言略显吃力。部分教师在教学中付出了大量努力,却未能取得显著成果,从而感到苦恼和无助。许多教师在工作中不擅长学习,也难以借鉴成功经验,缺乏科研训练,无法有效解决问题。在这种背景下,科研能力成为他们迫切需要的能力。

(二)提高教师科研能力的策略

1.通过培训和交流,强化教师的问题意识、学习意识和行动意识

以强化教师的问题意识来帮助教师进行微型课题研究的前期准备和铺垫。奥地利哲学家波普尔认为,问题是科学研究的起点。校本培训要求教师在研究中选择"真问题",即与自身工作和实践紧密相关的问题。从教师提交的微型课题可见,他们选择的问题主要是教育教学中的实际问题。

强化学习意识就是需要教师不断学习,以便其在教学中形成更深入的思考。教育科研要求教师先查阅资料以了解现有研究成果,开展调查研究以了解实际情况,再进行分析思考,加工资料,并在实践中检验研究方案的真实性。学校可聘请专家通过讲座分享经验。同时科研室要用培训引导教师掌握微型课题的研究方法。

行动意识是研究效果的保障。有人认为"教育科研是虚无缥缈的,不务实际,仅仅是写文章",这种观点是错误的。这种观点很大程度上是受到一些不切实际的做法影响的。中小学教育科研必须为教育教学服务,扎根于教育实践,因此需要真实地进行研究。如果教师没有投入实际研究,就不会有实际成果,自然无法体验到科研带来的快乐。教育科研应该是一步一个脚印,实实在在地进行,而非仅仅依赖笔墨。

当教学陷入周而复始的"围城"状态时,教师需要科学地反思哪个环节出现了问题,并据此提出改进方法。在检讨、反思和重新实践的过程中,寻找最优化的教学方法,从而真正提高教育质量。

2. 突破重点、全面铺开,营造良好的研究氛围

研究过程无疑是痛苦的,需要大量精力、能力和时间的投入,全面铺开是不现实的。每学期,我们要求全体教师按时提交自己的研究课题,筛选、修改、完善其中一部分,作为学期或年度校级微型课题。科研室将重点关注这些教师的微型课题,全程参与其选题确立、方案修改、研究方法选择和成果表述。关注教师的研究过程和经历,不苛求完美的结题报告,以创造宽松和谐的研究氛围。通过每学期微型课题结题活动,介绍成功案例,促进相互学习,对优秀成果进行交流、宣传和推广应用,让参与研究的教师获得成功体验,以带动更多教师参与。

3. 课题引领,落实研究过程

学校科研工作没有最好,只有更好。增强科研工作的有效性始终是每所学校追求的目标,其中教师的参与度是科研有效性的重要指标。如何让教师们能够研究、愿意研究、有效研究? 微型课题研究是一个不错的抓手。每学期课题组组织全体教师申报微型课题,通过微型课题引领研究。教师们从选题、研究方案设计、研究过程体验中促进研究能力的提高,为总课题的研究提供第一手资料。从申报内容统计来看,教师们研究的基本是教育教学中遇到的真实问题,而且是迫切需要解决的。从结题报告、案例分析来看,大部分教师研究过程是

实在的,研究结果是有价值的,没有夸夸其谈,而是真正总结经验,反思案例,不仅解决自己教学中的困惑,而且对其他教师有一定的借鉴意义。

4. 通过绩效考核保障研究顺利开展

将教师的科研工作参与情况纳入评价体系,将其作为绩效考核、评优选拔的重要指标。一旦微型课题立项,便会拨付一定的开题经费。科研室会对结题报告、案例等成果进行编号并匿名打印,提交给第三方进行相应等级评选,并根据等级给予相应的考核,从而激励教师参与研究并保障研究的顺利开展。

(三)建立具有本校特色的微型课题研究机制

经过一段时间的探索,课题组基本形成了一个包括申报、研究和展示等过程在内的微型课题研究机制。每学期,科研室组织微型课题申报工作,并设计了微型课题申请表。其主要内容包括教育教学中遇到的问题、想研究的课题、解决问题的方法、成果及感悟等。每年3月中旬为微型课题的申报时间。

科研室会对每名教师的申请报告提出修改意见或建议,并组织人员进行初步评审,然后由申报人修改,最后确定是否通过,并从中选出一部分作为学期或年度校级课题。对于通过的课题,要求负责人与学校签订"研究协议书",明确研究人员的相关责任和义务,规范研究过程。学校会给予一定的研究经费。

科研室负责指导课题研究,以保障课题的顺利实施。每年6月底或 9 月初,组织当年课题的中期交流活动,以促进研究的顺利推进。每年 11 月中旬为当年微型课题的结题时间。

在对结题成果进行评估时,科研室首先进行初评,并对通过初评的成果进行匿名打印,然后由学校聘请的相关专家进行评选,作为年终科研考核的依据。最终,学校将本学期的微型课题成果编入一本册子,并专门组织召开科研工作会议和结题活动,展示和交流优秀课题报告。

三、微型课题项目的成效

微型课题是将教学研究与日常工作相结合的重要途径,让教师以研究的视角看待工作中的问题,并运用研究方法解决问题。无论是科研还是教学,都能全面提升教师的能力。

（一）微型研究提高教师科研意识

虽然学校通过培训、引导和制度保障来推动教师进行研究,但教师科研意识的形成并非一蹴而就。只有当教师在研究过程中发现研究可以"减负增效",科研意识才能从被动转为主动。

※ 指导案例

初一随班就读生心理需求的个案研究

一名教师注意到班级中"随班就读生"的需求。为了让这些学生感受到适合他们的关注,让他们的初中生活更加愉快且充实,教师开始进行"初一随班就读生心理需求的个案研究"课题研究,力求找到关注随班就读生心理需求的有效方法。

该教师通过文献研究,整理和分析前人的相关研究成果,了解随班就读生心理需求关注方面的研究现状。接着,他设计了合理的调查问卷,并结合个别访谈,了解了3个初一随班就读学生的心理需求,掌握了他们的心理活动特点(见表3-1)。

表3-1 第一次心理调查结果表

	生理需求	安全需求	社交需求	尊重需求	自我实现需求
王某	偶尔会不舒服,非常希望得到关照	学校还算安全;有个别教师让我不自在;我想躲开个别同学	不敢和个别教师讲话;和同学关系一般;有3个以上好朋友	只有个别教师重视我;没有一个同学尊重我	课堂上经常举手,但是偶尔回答问题;偶尔想过自己的理想,但没想明白;不喜欢现在的自己
江某	偶尔不舒服,需要一点关照	学校还算安全;没有让自己想要躲开的同学;个别教师让我不自在	不敢和个别教师讲话;和同学关系非常好;有3个以上好朋友	所有教师和同学都尊重我	在课堂上偶尔举手,偶尔回答问题;偶尔想过自己的理想,但没想明白;一般喜欢现在的自己

(续表)

	生理需求	安全需求	社交需求	尊重需求	自我实现需求
徐某	偶尔不舒服，需要一点关照	学校还算安全；没有让自己想要躲开的教师或同学	和同学关系一般；有3个以上好朋友；能和教师自如地讲话	个别教师、个别同学尊重我	从不举手，从不回答问题；清楚自己的理想；一般喜欢现在的自己

根据学生的实际情况，他设计出适合随班就读学生的心理课堂教学计划并实施，从中探索适合随班就读学生心理需求的有效方法（包括眼神关注、及时的语言温暖、适时的课堂提问等）。表3-2是教师设计的适合3个学生心理需求发展的关注方法。

表3-2　第一次个别化教学计划表

	访谈结果 （自述课堂上希望得到的关注）	关注方法
王某	1. 希望教师不拖课，给我多一些时间放松。 2. 希望全校教师都变成不容易生气的教师	1. 课堂上不少于5次微笑加眼神关注。如果看到他有类似不舒服的情况，及时问候。 2. 当他举手时，及时抽他回答问题，回答正确给予表扬，不正确给予鼓励。帮助其逐渐树立自信。 3. 在课堂中及时地肯定他的长处，教师表现出对其尊重，并倡导学生互相尊重。 4. 针对他的学习基础情况制订个别化教学计划。降低学业要求及作业要求

（续表）

	访谈结果 （自述课堂上希望得到的关注）	关注方法
江某	1. 希望讲课内容简单些，让我全听懂。 2. 希望自己勇敢地举手回答问题。 3. 喜欢教师走到我身边看我做什么，指正我的错误。 4. 希望教师能经常用眼神关注我	1. 课堂上不少于 10 次微笑加眼神关注。 2. 课堂中走到其身边关注不少于 2 次。 3. 当他举手时，及时抽他回答问题，回答正确给予表扬，不正确给予鼓励。 4. 当他不举手时，也询问其是否想回答问题，鼓励其举手。 5. 针对他的学习基础情况制订个别化教学计划。降低学业要求及作业要求
徐某	1. 希望授课内容简单些。 2. 上课能听懂，会做。 3. 希望能跟上其他同学的进度	1. 关注他的学业情况，及时帮助他。 2. 针对他的学习基础情况制订个别化教学计划。降低学业要求及作业要求

教师根据上述方法实施，每次在上心理课的时候严格按照制订的方法关注 3 个随班就读学生。一个月后，再次通过问卷调查了解 3 个学生的心理需求（见表 3－3）。

表 3 - 3 第二次心理调查结果表

	生理需求	安全需求	社交需求	尊重需求	自我实现需求
王某	偶尔会不舒服,非常希望得到关照	学校还算安全;有个别的教师让我不自在;我想躲开个别的同学	不敢和个别教师讲话;和同学关系一般;有 3 个以上好朋友	只有个别教师重视我;有个别同学尊重我	课堂上经常举手,但是偶尔回答问题;偶尔想过自己的理想,但没想明白;不喜欢现在的自己
江某	偶尔不舒服,需要一点关照	学校还算安全;没有让自己想要躲开的同学;个别教师让我不自在	不敢和个别教师讲话;和同学关系非常好;有 3 个以上好朋友	所有教师和同学都尊重我	在课堂上偶尔举手,偶尔回答问题;偶尔想过自己的理想,但没想明白;喜欢现在的自己
徐某	偶尔不舒服,需要一点关照	学校还算安全;没有让自己想要躲开的教师或同学	和同学关系一般;有 3 个以上好朋友;能和教师自如地讲话	个别的教师、个别的同学尊重我	从不举手,偶尔回答问题;清楚自己的理想;一般喜欢现在的自己

根据两次调查和访谈结果的变化,教师对个别化教学计划进行了修改(见表 3 - 4)。

表 3 - 4　第二次个别化教学计划表

	访谈结果 （自述课堂上希望得到的关注）	关注方法
王某	1. 希望教师不拖课，给我多一些时间的自由。 2. 我希望教师能走到我身边对我说几句悄悄表扬的话	1. 保留原关注方法。 2. 增加：课堂上至少一次走到他身边关注他的优点，比如坐姿很好，精神状态很好等
江某	1. 希望教师能经常用眼神关注我。 2. 喜欢教师走到我身边看我做什么，指正我的错误。 3. 希望讲课内容简单些，让我全听懂。 4. 希望自己勇敢地举手回答问题	保留原关注方法
徐某	1. 希望授课内容简单些。 2. 上课能听懂，会做。 3. 希望能跟上同学的脚步	1. 保留原关注方法。 2. 鼓励其举手，并能回答一次问题

　　调整后的方法再实施，每次上心理课的时候严格按照调整后的方法关注 3 个随班就读学生。一个月再通过个别访谈法和调查法了解学生的心理需求变化。从和第一次 3 个学生的心理调查结果对比来看，他的实践研究具有明显的效果（见表 3 - 5）。

表 3-5 实践教学完成后的调查结果表

	生理需求	安全需求	社交需求	尊重需求	自我实现需求
王某	偶尔会不舒服,非常希望得到关照	学校还算安全;有个别教师让我不自在;我想躲开个别的同学	敢和所有教师讲话;和同学关系一般;有 3 个以上好朋友	只有个别教师重视我;有个别同学尊重我	课堂上经常举手,但是偶尔回答问题;偶尔想过自己的理想,但没想明白;一般喜欢现在的自己
江某	偶尔不舒服,需要一点关照	学校还算安全;没有让自己躲开的同学;个别教师让我不自在	能和所有教师自如讲话;和同学关系非常好;有 3 个以上好朋友	所有教师和同学都尊重我	在课堂上偶尔举手,偶尔回答问题;偶尔想过自己的理想,但没想明白;喜欢现在的自己
徐某	偶尔不舒服,需要一点关照	学校还算安全;没有让自己躲开的教师或同学	和同学关系一般;有 3 个以上好朋友;能和教师自如地讲话	个别教师、个别同学尊重我	从不举手,偶尔回答问题;清楚自己的理想;一般喜欢现在的自己

从 3 名同学需求变化来看,关注方法是有效的。王某的变化最为明显,其次是江某,而徐某的变化相对较小。王某从最初不敢与个别教师交流,到后来能与所有教师讲话;从没有一个同学尊重他,到有部分同学尊重他;从不喜欢现在的自己,到逐渐喜欢现在的自己;从希望

全校教师都变得不易生气，到希望教师能走到他身边说几句鼓励性的话。江某从不敢与个别教师交流，到能与所有教师自如讲话；从一般喜欢现在的自己，到更加喜欢现在的自己。而徐某的变化表现在从不回答问题，到偶尔回答问题。

在教学关注方法上，教师总结出有效的方式包括：微笑并用眼神关注学生；抽学生回答问题，正确回答给予表扬，错误回答给予鼓励；及时肯定学生的长处；表现出对学生的尊重，并倡导学生互相尊重；走到学生身边关注等。这些方法分别体现在满足生理需求、安全需求、社交需求、尊重需求和自我实现需求方面。

研究实现了找出适合随班就读学生心理需求的有效关注方法的目的，并通过调查等途径，最终取得了一定的成果。然而，研究具有较强的个案性。若要延伸应用，仍需要针对性地进行调查和实践。

（二）微型研究提升教师科研能力

1. 微型课题为教师提供在工作中进行研究的平台

微型课题的基本特征是"小切口、短周期、重过程、有实效"，其特点可以总结为小、活、实、短、平、快。

"小"意味着研究范围和问题有限。这可能涉及课堂中如何提高导入的有效性，或者在作业批改中找寻有效的方法。此外，"小"也体现在研究规模上，即问题和切口较小，因此规模和投资相对较少。

"活"即灵活，主要体现在研究过程中。微型课题在选题时没有像大课题那样需要宏观考量和全面把握的复杂性，只需要找准问题并投入实践。

"实"是指选题务实、过程踏实、结果真实。也就是说,要找到教学中的实际问题,并通过积极实践寻找具有实际意义的答案。

"短"是指周期较短,微型课题的研究时间根据研究内容而定,可长可短。

"平"表示符合当地、当时教师的研究水平。与专业性的学术研究相比,微型课题更贴近一线教师的实际需求。

"快"意味着见效快。经过实践论证后,可以立即在教学中进行验证。解决一个问题后,可以迅速生成下一个问题。周期比大课题短很多,效率更高。

基于以上特点,微型课题研究不受专业限制,也不需要教师具备较深的研究理论。由于研究的出发点是解决工作中的问题,只要教师愿意投入,微型课题研究很容易上手,适合所有教师。解决一个问题后,接下来再解决另一个问题。在这个过程中自然需要合适的方法,如查找资料。教师也会对个别学生进行追踪研究,学会个案研究;进行问卷调查,学会问卷调查研究;设计研究问题的方案,学会简单的开题报告设计等。在这个过程中,教师就能逐渐学会研究。随着时间的推移,教师们会逐渐体会到,通过研究可以减轻负担、提高效率,从而自然地提升科研能力。

2. 微型课题帮助教师学会研究

每学期,课题组都会在全校范围内征集微型课题。教师们提交初稿后,科研室针对每个教师的课题进行面对面交流和修改。课题立项后,科研室在研究过程中进行跟踪指导,针对普遍性问题开展集中研讨,并在结题报告后认真评讲。教师们从选题、设计研究方案到表述研究成果,亲身经历了研究过程,学会了基本方法和一般程序,改变了对研究的认识,明确了研究的意义和价值,增强了研究意识。

由于每学期都会征集微型课题,教师们逐渐养成在工作中及时提炼问题,并用研究的眼光看待它们的习惯。许多问题在转化为课题后,在实践中取得了良好的效果和一定的成果。

3. 微型课题为高中教师指导学生进行研究性学习提供帮助

《上海市普通高中学生综合素质评价实施办法(试行)》提出要培养学生的创新精神和实践能力。这主要体现在学生的创新思维、调查研究能力、动手操作能力和实践体验经历等方面,重点记录学生参加研究性学习、社会调查、科技活动、创造发明等情况。这对教师提出了更高的要求,因为每位教师都有指导学生进行研究性学习的责任,而没有经历过研究性学习或从未做过课题研究的教师则很难胜任这项工作。

我将学校教师分为两个样本:样本一是经常参与微型课题研究的教师;样本二是很少或未参与课题研究的教师。然后,对在指导学生研究性学习的过程中的选题确立、方案设计、研究内容、方法选择、研究过程、成果表述进行比较(见表3-6)。

表 3-6　教师对学生研究性学习的指导对比结果

项目 样本	选题	方案设计	研究内容	方法选择	研究过程	成果表述
样本一	入口小、适合学生研究	规范、操作性强	具体、有抓手,目的明确	契合课题内容,操作性强	步骤清晰,环环相扣	规范、内容表述明确、研究步骤清晰,成果明确
样本二	外延大,范围广,不适合学生研究	没规则、步骤模糊不易操作	含混不清,不知道研究什么	简单堆积,与内容无关	没表述或者太简单不易操作	书写不规范,内容拼凑,看不出研究的痕迹,只有"结论"

从这里可以看出,经常参与课题研究的教师在指导学生研究性学习方面,相较于不参与或很少参与课题研究的教师具有明显的优势。

微型研究改变教师的教学方式

开展微型研究的目的是提高教师的科研意识,使他们从"教书匠"转变为"研究型教师"。一线教师的研究必然会影响到教学行为。通过微型课题的研究,教师们在教学的某些方面有了显著的变化。

✳ 指导案例

农村初中语文分工合作式作文修改的课例研究

——以学生习作《面对美丽》为例

一位教师针对"如何指导学生修改作文,既能有效提高写作能力,又能提高整堂课的修改效率"的问题,设计了课题"农村初中语文分工合作式作文修改的课例研究——以学生习作《面对美丽》为例"。

在农村学校,教师在作文修改上往往不愿花费过多时间。通常的做法是先让学生回家自行完成作文,交上来后由教师浏览、评分、写评语,然后让学生回去修改。这是因为:一方面,教师的时间和精力有限,无法对每个学生的文章进行非常仔细和到位的点评;另一方面,教师不愿意花费时间让学生在课堂上集中修改。这导致学生大多不重视修改,他们通常只关注分数,对评语不感兴趣,更不会按照教师的评语去深入细致地修改文章。因此,即使作文写得再多,学生的写作能力也无法有效提高。

为了解决这个问题,我们认为将作文修改作为课堂教学任务,对学生进行集中指导,或许可以迎刃而解。然而,语文课时间有限,能够用于作文修改的时间更加有限。修改又非常耗时。那么如何才能提高效率呢?教师想到了科学的分工和广泛的合作。

教师的教学实践分为两次。在第一次作文修改课前,他的安排如下。

在上课之前,教师预设了以下几个问题和思路:

问题1:选择学生作文作为修改材料,学生会感到更亲切,训练效果也更直接。是选优秀的文章,还是选问题较多的文章?优秀的文章可以避免大量修改,修改难度相对较小;问题较多的文章可能需要大量增删,修改难度较大。教师认为,既然是修改,就应选择问题较为突出的文章,以便能够全面暴露不足,从而有针对性地进行改进。

问题2:为实现修改速度的相对一致性,可以将文章的各个自然段按小组数量平均分配。每个小组各领一份修改任务,让学生先独立修改,然后进行交流。

问题3:在分工前,教师需要进行整体阐述,即如何修改以及修改的目标。例如,可以使用中考A类作文的评分标准,让教师与学生共同学习,然后学生根据这个标准修改所负责的段落。

问题4:学生修改时,教师可以在教室里巡视,查看学生的修改稿,及时了解学生修改过程中的问题,以便在后续讲解中有针对性地进行指导。

在第一次试课后,教师很快发现了一些问题。首先,由于选取的文章差距大,其对大多数学生来说缺乏引导作用。另外,没有提前将文章发给学生,许多学生在课堂上第一次接触文章时会感到困惑。其次,修改过程耗时过多且缺乏方向。需要修改的部分没有修改,不需要修改的部分却大费周章,甚至将好的语句改成了差的语句,导致修改效率低下。再其次,修改前所复习的关于优秀作文的评判标准对大多数学生来说并无实际指导意义。标准中提出的要求,如材料新颖、典型,主题深刻、准确等,难以让学生在短时间内实现,学生能做的往往只是调整语句位置和润饰文字。最后,由于文章的各个段落被平均分配给了各个小组,每个小组在负责的区域内独立修改,只对各自区域内的某些语句进行修补,形成了一种"各自为政"的松散局面,难以兼顾各段落间的衔接与呼应。

为解决这些问题,教师重新进行了教学设计。教师以学生习作《面对美丽》为材料,采用分工合作的方式进行了积极尝试。他决定将文章按功能切割,交给各小组进行深度修改,并在修改前先集中讨论,明确修改方向;修改后,全班交流,各组结合彼此的修改成果,同时进行切磋与润色。其中,全班交流环节最为精彩,改变了课堂过去教师独揽话语权的现象,真正实现了学生主导课堂。

《面对美丽》这篇作文描述了作者在看到一株生长在水泥桥墩上的油菜花时的感受。当时,作者正面临连续考试的挫败,心情异常沮丧,因此对这株在困境中表现出坚强、乐观精神的油菜花心生感动与敬畏。在经过集体讨论和小组修改后,课堂进入了全班交流环节。以下是课堂的教学实录。

实录一(第一小组发言摘要):

【同学甲】第一段中的"靠在椅背上,闭上眼睛,脑海中又浮现出那抹金黄,那个春天带给我的希望"这一句,作者通过倒叙引出下文,但"那抹金黄"显得突然。为了使与下文的连接更自然,我加上了"随手翻看手机,屏幕上的那座桥墩,那抹金黄,那个春天,心灵不禁再一次被强烈地震撼"这一句。

【同学乙】原文中有"做完作业,已是深夜;天空阴沉沉的,一片黑,没有一颗星星"这句话,作者仅描绘了夜幕的漆黑,未描绘其对作者心情的影响。我们小组商量后,决定修改为"做完作业,已是深夜;黑沉沉的天幕,不见一颗星星;压抑、疲惫、烦躁"的描述。

【教师】同学们改得真仔细。

实录二(第二小组发言摘要):

【同学甲】主体一中关键部分是生动形象地描绘水泥桥墩上的油菜花,但原文作者仅描绘了油菜花的外形,未注入情感。

【教师】说得对。请尝试将油菜花的坚强、乐观精神通过外形描绘展现出来。

【同学乙】我们修改为:"远处河中,一点金黄。渐渐走近,发现是一座废弃的水泥桥。灰黑色的桥墩上竟开着一株灿烂的油菜花! 纤细的茎秆,青翠碧绿的叶,一簇簇金黄的小花,风拂过,娇羞地舞着,快活地笑着。底下是她的倒影。抬头,她在风中笑;低头,她在水中笑;仰起脸,蓝天白云,四周空空荡荡。"

【教师】这一部分与第一组同学甲设计的细节照应,应加一句话,是关于那个手机的。大家看,应该添上一句怎样的话呢?

【同学丙】"我不觉一颤,举起了手机。"

【教师】很聪明！

实录三（第三小组发言摘要）：

【同学甲】主体二承接主体一，要在外形描写基础上，借助联想，展现油菜花怀抱理想、坚强不屈、矢志不渝的开花精神。但原文写得平淡："但是，一只贪吃的鸟儿把它丢在了这里——桥墩上一个贫瘠的地方。它不害怕，也不恐惧，生的希望深深地扎根在它心中。于是它努力地吸收雨露，终于有一天，它开出了那鲜艳的花朵。"

【同学乙】我觉得缺乏激情，应多使用感叹句和修辞手法，如排比和反复。

【同学丙】我们按这思路修改，润饰后如下："是一只贪吃的鸟儿把它丢在了这里吧？桥墩上，那里只有一小堆从桥面的缝隙间飘落的灰尘聚成的土壤，那儿唯有偶尔光顾的雨水才会带来生命的滋润。可它竟然萌芽了，从一粒种子到一棵细苗，4月的风吹来了，它终于绽放出了一树灿烂的金花，开成了这条河上最美的风景！这是多美的一幅图画啊！这株坚强的油菜花！这株乐观、无畏的生命之花！"

【教师】很好，但忽视了段与段之间的联系，可以加一句"我注视着"，这样就把主体一与主体二衔接起来了。原文作者说他是在被失败的阴影笼罩下，极其沮丧的心情中遇见油菜花的，但忽略了游历后，"我"到底怎么样了呢？请大家想想，应该续添上怎样的内容？

【同学丁】我进行了这样的处理："我把成绩单塞入袋中，任4月的风儿吹着，吹醒我的绝望，吹亮我心中的灰色地带！那一刻，我不再迷茫,也不再无望!"

【教师】非常棒!

实录四(第四小组发言摘要):

【同学甲】我注意到老师的提醒,觉得结尾部分除了要注意卒章显志的功能外,还要注意首尾呼应的功能。因此,我修改结尾部分为:"身处逆境才会更加精彩,这点苦算什么? 立起身,推开窗,窗外还是沉沉的黑,但我的心里却是一片光明!"

【教师】非常漂亮!

从这次教学中,我们看到教师如何指导学生融入写作角色,深入人物心灵,发现情感表达不畅之处,自觉地融合描写的客观性与主观性,努力完善词语、句式与结构。实录中同学的发言都体现了情感投入的成效。

这种写作教学方式与让学生学习优秀作文评判标准的传统方法有实际指导意义。学生难以短时间内实现标准中提出的材料新颖、主题深刻等要求,通常只做到语句位置调整和文字润饰。但教师仅用一堂课,让学生投入情感,潜心学习,收获颇丰,实属难得。

在"农村初中语文分工合作式作文修改课例研究——以学生习作《面对美丽》为例"的微型课题报告中,A教师提出了自己的经验总结与反思:

① 限定难度,实践能力

考虑到学生难以对严重不符合要求的文章进行重写,因此不宜选择选材不当或严重偏题的文章,至少在学生修改能力尚不足的初始阶段不宜选择。学生初始阶段的修改能力通常仅限于对个别词句或几个句群进行精心雕琢。只有选择整体上没有大问题的文章,才能让学生开始实践。如果文章严重偏题或选材不当,需要大部分推倒重写,就来不及训练学生的词句雕琢能力。对于全班共同修改的文章,如果存在这样的问题,会导致全班修改过程混乱。在第二次修改中,选用作文《面对美丽》进行尝试,让学生学会模仿和练习修改,对学生接下来自己修改文章有很大帮助。

② 分析文章,深入理解整体优缺点

在修改文章时,必须明确文章中的优点和存在的问题。在分工修改之前,对文章的梳理必须深入。教师与学生之间的交流应具有实际指导意义。教师既要引导学生了解文章的整体状况,也要引导学生理解文章的局部状况,以及局部与局部之间的联系。

在此次修改中,第一阶段是修改前的集体讨论,旨在深入了解文章整体情况并达成共识。没有这一步骤,接下来的分工修改很容易陷入混乱。

③ 明确方向,确定段落功能

在了解文章整体优缺点后,学生还需要明确文章的整体修改方向及自己负责的段落修改方向。只有弄清楚了这些方向,才能围绕它们精心雕琢语句,深入推敲语句间的关系。第二次课与第一次课的最大区别在于,学生非常清楚自己的修改方向和负责段落的功能。这种明确的段落功能意识是本课取得成效的关键。

④ 融入角色,体验作者与人物

在修改过程中,要让学生意识到自己就是那个作者,或者就是那个作者所塑造的人物。如果学生能融入写作角色,深入人物心灵,全身心投入其中,就会自然地发现情感表达不畅的地方,自觉地融合描写的客观性与情感性,运用各种修辞手法与表现手法,竭尽全力去完善词语、句式与结构。

⑤ 整体观念,追求文章连贯一致

学生在修改时,既要有段落功能意识,也要关注文章整体,兼顾段落与段落之间、语句与语句之间的联系。因为有些问题不只是存在于段落内部。如果只关注所负责的段落,仅追求段内的连贯,这样的修改很容易导致文章支离破碎。学生在修改过程中应具有整体意识,注重段落间的联系。小组分工时容易出现的问题就是"各自为政",教师在引导时需要特别提醒学生注意这一点。实录一、二、三和四中的发言,正是重视了前后内容的衔接与呼应,才能使修改后的文章达到自然连贯、整体一致的效果。

⑥ 热爱修改,激发热情

文章不必多写,但一定要多修改,要坚持每篇文章都达标。好的文章都是经过多次甚至几十次的推敲才成为佳作。耐心是关键,耐心来自热情,热情来自学生对修改的喜爱。在课堂上,教师要满足学生的表现欲望,提升学生的成就感,表扬学生的修改行为。如果没有学生之间关于修改意见的热烈讨论，没有教师与学生之间关于如何修改的诚挚对话，以及这一系列的思维碰撞，作文修改教学很可能陷入冷寂的"死胡同"。在第二次课上，学生畅所欲言的背后，有教师积极鼓励的努力。这些称赞是激发学生热情的"火炬"。有了热情，学生自然会专心致志地琢磨文章。

第二节　活力教师项目:持续提升教师专业发展

充满活力的校园不仅需要一群朝气蓬勃、热爱学习的学生,还离不开一群敬业爱岗、孜孜不倦的人民教师。要成为一名有活力的教师,既要对自身有要求,努力把自己塑造成为一个身体强健、精力充沛、学识丰富、胸怀理想、师德高尚、积极向上的人,同时要充分利用学校的成长环境,参加各项培训和活动,激发自己的活力,与时俱进,永葆活力。

以下将详述我在开展活力教师项目中的实践经验。

一、打造活力教师

(一) 活力教师的基本特征

充满活力的教师应具备身心健康、积极向上的品质,始终能热情地投入伟大的教育事业中,不断激发自身潜力,提升教育教学能力,并在教书育人过程中,传播知识和正能量,培育出活力十足的学生。具体来说,活力教师具有以下基本特征:

1. 体力充沛、体魄强健

教师要热爱运动、注重健康，保持规律的饮食和睡眠，以最佳状态投入生活和工作；抵制不健康的生活习惯，做到不吸烟、不喝酒、不打麻将等；热爱大自然，节假日时游览祖国山川，既锻炼身体，又丰富人生阅历。

2. 情绪稳定、积极乐观

教师应热爱生活，用美好的眼光看待周围的人和事。与人为善，不与人争吵，能平和地对待他人。面对挫折，能正确看待，豁达乐观，不抱怨哀愁。最重要的是，拥有美丽的心灵，乐于奉献，默默无闻。

3. 认知能力强、思维活跃

教师应热爱学习、博学多识，思维活跃，并注重内在修养与专业发展；严谨治学，精心备课，深入钻研，直至呈现一堂堂生动有趣且活力四射的课；持续反思、总结经验教训，创新改进，努力打造更加生动完美的活力课堂；面对难题，保持自信，勇往直前，迅速找到解决方案。

（二）活力教师队伍建设研究的实施内容

为培养活力教师，我们在学校原有针对教师身心健康活动的基础上，更加关注活力因素的强化。

1. 利用专家讲座，激发教师内在活力因子

邀请身边的活力教师分享他们的心得体会，从而树立活力教师楷模。同时，邀请专家教授开设讲座，选择与活力校园文化主题相关的内容。优秀的楷模、生动的案例、先进的教学理念，常常能提升教师的

专业素养,为教育教学注入新活力。

2. 开展教师活力教学评比大赛,为活力教师培养提供外部动力

设立一系列"活力杯"教师公开课比赛,要求青年教师参加,鼓励中年教师参与。在比赛过程中,教师们互相听课、学习交流,不断提高教学意识,为教学注入持续活力,提升自身教学素养,塑造个人教学风格,展现独特且富有创意的教学风采,促进心理素质和技能水平的全面发展。

3. 举办才艺大比拼,丰富教职工业余活动

利用课余时间开展书法、绘画、歌唱、乐器演奏、诗歌朗诵等才艺竞技及体育比赛活动,既丰富教职员工的业余生活,又提升广大教师的人文艺术修养,增加教师的活力和受欢迎程度。

4. 创造条件,促进教师的全面提升

阅读对教师提升专业素养和能力大有裨益。学校每年会购置图书丰富图书馆资源,并向教师赠送最新的教育教学书籍且要求他们阅读后完成读书笔记,另外学校也会设置奖励机制。为了促进教师身体健康,学校准备了跑步机、动感单车等健身器材,以便教师空暇时进行锻炼。

(三) 活力教师队伍建设研究的实施途径

1. 养心养身,积极锻炼强身健体

学校每年会为教职员工安排体检及每 4 年一次的疗休养活动,以缓解教师身心压力;邀请相关医疗单位派遣医生来校,为教师提供现

场诊疗，并教授养生方法；聘请名医讲解养生之道，为教师提供保健方案。学校还会举办教师运动会，并要求每名教师至少参加一项比赛，倡导重在参与的原则，鼓励教师多运动，加强锻炼，促进身体健康。

2. 开设讲座，明确社会主义核心价值观方向

在学校这个殿堂中，教师和学生之间相辅相成、相互依赖。这显示了教师的职业不仅有学识要求，还需要有关爱与呵护的要求。教师付出的不仅是汗水，更是心血。

学校各类培训越来越具特色，越来越充满活力。每期主题各异，但始终围绕教师的大爱，即从教师的态度、职责、心灵和精神等方面，解读教师应具备的社会主义核心价值观。在专业引领下，教师的灵魂得到重新审视，内心的方向感更加明确。

讲座的设立是培育和实践社会主义核心价值观的探索，致力于践行"富强、民主、文明、和谐、自由、平等、公正、法治、爱国、敬业、诚信、友善"这24字。这也表达了坚定社会主义核心价值观的初衷。在习近平总书记"立德树人"的号召下，我们始终坚持师德师风建设，开展"为人、为师、为学"的师德建设主题活动，倡导为人师表，关注提升教师的人文素养。

3. 名师指导，通过比赛和课程深化专业能力

学校的发展离不开教师队伍的成长。通过开展英语教学坊名师互动、与名师"一对多"的青年教师带教、与洋泾中学建立教学结对以及名师"优课"展示教学等活动，为教师的专业成长搭建了丰富多样的

平台。

在专业方面,为了进一步提升教师的能力,学校举办了读书笔记、微课教案、硬笔书写等比赛活动。这些竞赛能强化教师的业务水平,增强教师的自信心,促使他们的专业技能和心理素质得到全面发展。

在教学方面,学校教学部门每学期鼓励 40 岁以下的教师开设"活力公开课",并且让备课组和教研组共同参与研讨。

这些比赛活动和公开课本着让教师互相学习、切磋的原则,不断提高教师的优课意识和教学技能,提升他们的教学素养,塑造他们的教学风格,展现他们独特且富有创意的教学风采。

4. 无私奉献,志愿活动润泽心灵

每年 3 月 5 日学雷锋活动期间,教师们会捐出自己喜爱的物品参加爱心义卖会,并将所得捐出;在学生义卖会上,教师们积极购买各类物品,献出一份关爱;每年的"一日捐"活动中,教师们会捐款支援需要帮助的学生。

此外,党员教师们会主动与学生结对,为他们在生活和学习上提供帮助;参与志愿者服务活动,如护校等。在特殊时期这些活动让学生感受到关爱,同时让教师的崇高形象深入人心。

5. 才能展示,人文艺术陶冶情操

课堂是教师的主要领域,学生则是教学的核心。良好的艺术陶冶是每位教师不可或缺的必修课。没有学生会喜欢表情严肃、语言古板的教师。因此,学校会举办各种"才艺大比拼"活动,如诗歌朗诵、摄影书画等比赛。此外，还举办为学校建设出谋划策的活动，如为学校的4年规划提建议；为校园建筑和道路命名。在经过严格筛选后，这些活动最终会评选出优秀奖项。

值得一提的是，这些活动展示了学校文化传承的魅力和教师自身才能，这也成为活力教师的最佳体现。这些活动既能激发教师的潜能，也能强化教师的主人翁意识。教师的气质和情操得以提升，教师的魅力和活力在活动中得以展现。

6. 专家报告，"学习强国"丰富思想

教师需要加快适应教育政策变化的步伐。此外，各种先进教育理念的引入和融合、现代教育技术的发展，也使得教师有必要接受和学习全新的知识。没有学习，就不会有进步；故步自封，最终只会被淘汰；与时俱进，才是唯一出路。

学校领导班子坚持每月一次的中心组学习，学习党的重大路线方针政策、党风廉政建设内容和管理知识，确保"定时学习、有主题、有讨论、达成共识"。

此外，"学习强国"平台的推出为党员同志和教师提供了新的学习途径。党员教师们每天都积极学习，一有时间就拿出手机，或听或看，时刻跟上时代的节奏，紧跟党中央的步伐。

通过多种形式的学习，教师可以接触到最新、最前沿的思想理念，关注国内外信息动态，丰富思想内涵，充实精神活力。

二、构建活力课堂

(一) 活力课堂的基本特征

活力课堂是指教师教学活力、学生学习活力以及教学过程中产生的各种活动三者有机结合构成的课堂。它强调课堂互动,关注课堂中愉快和谐的群体生活和积极向上的学习环境,让学生成为活动的主体、课堂的主人。

具体来说,活力课堂应具备以下基本特征:活力课堂应是目标明确、多元的课堂,是能够有效整合并合理开发课程资源的课堂,是自主探究的课堂,是合作分享的课堂,是开放的课堂,是充满激情的课堂,是联系生活的课堂。

(二) 构建活力课堂的实施内容

构建活力课堂需要基于活力课堂的基本理论研究,总结构建活力课堂的策略和途径,对相关理论进行拓展,实现教师教学方式的转变,使学生在充满活力的课堂中有效地学习,从而促进学校课堂教学质量的提升和学生素质的全面和谐发展,培养一批学习方法灵活、思维敏捷、具有创新实践能力、个性活泼开朗的阳光少年。

如何打造活力课堂,我从 5 个方面着手。

1. 更新教学观念,激发教师思维活力

在传统的应试教育课堂中,教师主要采用讲授法,这是一种"填鸭式"的教学方式。而活力课堂强调"以人为本,学会学习",需要教师调

整心态，关注学生的需求，即不仅要求他们掌握基础知识，还要重视培养学生的思维创新能力，关注情感态度和价值观的培养，将课堂归还给学生。因此，教师应具备多元化的教学观念。

在当今高速发展的时代，若教学仅局限于课本，就会显得枯燥乏味。为此，需要采用多样化的教学手段，将课本知识拓展至课外知识，并利用多媒体和教学用具等唤起学生的学习兴趣，让学生不再为枯燥单一的课本知识而忧虑。

此外，教师还应紧密关注课堂中学生的反馈，挖掘学生智慧的闪光点。教师的"教"和学生的"学"应相互促进、相互影响。教师要重视利用学生的反馈，在与学生热烈讨论和切磋中实现活力课堂的目标。

❋ 教师案例

《论雷峰塔的倒掉》教学

在教授《论雷峰塔的倒掉》这篇文章时，一名教师发现学生由于生活阅历和思想水平的局限，往往从个体的人和物的角度来判断作者的意图，以自己对故事的理解和人物的价值评判来体会作者的感情。学生对白娘子的本能善良表示同情，认为她是受迫害的弱者，而对法海则进行了针对个体性格和品质的批判和否定。他们还不能结合时代背景了解人物背后的社会属性或理解故事反映的社会生活状况，从而不能体会鲁迅作为反封建斗士，在特定历史环境中，以小见大，就雷峰塔倒塌事件,对封建复古派、封建礼教和制度的批判。

尽管在课上揭示了雷峰塔和法海的象征意义后,学生们能够总结出文章的中心思想,但通过课后了解,教师发现有许多同学仍然不能理解为什么雷峰塔象征了封建礼教,鲁迅对法海的厌恶嘲讽是对封建制度和卫道士的批判。教学目标看似达到,但教学效果并不理想。

因此,教师改变了教学方式。在教学设计时,他考虑如何让学生对封建社会人民的整体生活状态有所了解,对封建时代的男女爱情状况有所了解,以便让他们理解《白蛇传》中白蛇悲惨遭遇的代表意义。教师要努力以学生的生活经验来帮助他们体味作者的情感,通过合作和探索来完成知识植入的过程,让现在的孩子理解什么是封建礼教。

课前,教师要求学生了解牛郎织女、追鱼、梁山伯与祝英台等民间故事,要求他们了解故事发生的时代特点。课上,教师组织学生展开讨论。这些故事都耳熟能详,学生们也都能体味这类爱情故事的神话色彩和悲剧结局。这堂课的教学过程如下文所示。

【教师】太好了!同学们对故事的研究非常透彻。现在,请大家思考一下,为什么故事中的人物非仙即妖?为什么都是女追男?当时非仙非妖的普通人在生活中是怎么样的呢?

(学生积极讨论,对故事的理解逐渐趋于深入。)

【学生】在封建社会,人们生活很悲惨,很难有故事中那种甜蜜幸福的日子。特别是女性,她们更是被束缚、被压抑,根本不可能,也不可以去追求男性。

【学生】所以在故事里，人们赋予女性神奇的力量，希望她们可以去追求自己想要的爱情和幸福。

【学生】而且都追求到了，并且两情相悦，非常甜蜜。

【教师】所以民间故事最朴素地表达了百姓的什么心声？

【学生】追求自由，追求爱情，追求幸福。

【学生】老师，我很疑惑。他们编这样的故事，不是期望人们能过上幸福的生活吗？不是很美好地期望女性能追求自己的爱情吗？为什么又不让她们最终得到幸福呢？

【教师】这名同学问得好！这正是需要大家思考的地方。请大家不要忘记，任何文学作品都离不开生活，民间故事作为人民大众创作流传的作品，就更是如此。

（学生展开新一轮讨论，由于对故事的认识层面提高了，他们很快理解了故事背后的意义。）

【学生】我觉得，故事之所以这样反映，是因为现实生活中人们很难得到幸福。

【学生】故事中破坏爱情和幸福的王母、法海之类的人物，在现实生活中同样存在。

【学生】对，在那种腐朽的封建社会，人们不能自由追求爱情，即使有了幸福生活，也是短暂的，很快会被迫害，被破坏。

【教师】是被母亲、被和尚破坏的吗？

【学生】不仅是个别人，还有家族，有衙门，有社会舆论，还有皇帝,等等。

【学生】是当时的整个社会。

【学生】是社会制度和统治思想。

通过这一系列的讨论,学生们对文章的理解由浅入深,真正懂得了作者的创作意图——鲁迅在本文中实际上是把传说中镇压白娘子的雷峰塔,看作吃人礼教和封建制度的象征,借题发挥,满怀激情地预言了旧制度的必然崩溃,深信被压迫人民终将获得解放,而压迫者必将自食恶果,绝不会有什么好下场。

不仅如此,通过这篇课文,同学们对故事,特别是民间故事的认识有了一个全新的高度,阅读水平逐步提高。通过体会和领悟鲁迅的创作情感,学生们学到了鲁迅先生在他所处的年代里,一身正气,充满勇气的呐喊、斗争的伟大精神。通过集体讨论,他们也体会到了智慧碰撞的力量和乐趣。课堂反响热烈,教学效果非常理想。

这次教学给教师带来了很多思考,如在新的时代,面对新的学生和新的社会要求,教师已经不能仅仅是向学生传授知识,而是要引导学生找到探索知识的方法,并能向更高的目标前进;教师授课除了研究教材,现在更要研究学生内在的知识结构、生活经验以及社会文化背景,确保教学内容能适应并顺利地植入学生的知识结构中;授课方式要由传统的单向知识传授向双向的学习、研究活动转变。

2. 创设优质教学活动,灵活运用多种教学方法

"活"是指学生在课堂上主动活跃,思维敏锐灵活,想象自由鲜活。

因此，在课堂教学中，教师要根据学生的特点，在教材中寻找学生学习的兴趣点，激发学生的学习兴趣；从教材中挖掘出想象的原点，鼓励"无边"的想象。只要是创造性的想象，就应给予充分的鼓励；在教学活动的设计上，充分调动学生的学习积极性，形成气氛良好的活力课堂。

教师还可以组织游戏式的教学活动，采用寓教于乐的方式，将游戏与所学知识有机结合，让学生对教学内容产生浓厚的兴趣，自发地投入学习。可以将教室"搬"至室外，结合综合实践课，通过观察、查询和实践的方式，获得一些课本上无法得到的知识，或是将课本上的知识通过实践掌握得更加稳固。还可以采取小组合作式的教学活动，通过互帮互助、取长补短，从而学得知识。对学生来说，听到的容易忘记，看到的记忆不深，只有亲身实践和体验到的才印象深刻。

3. 在学校原有课堂模式的基础上，改进活力课堂教学模式

在传统课堂的基础上，以新课程改革为思想指导，通过活力课堂切实解决传统教学中轻视学生主体性的问题。要把课堂还给学生，即积极倡导自主、合作、探究的学习方式，努力构建民主平等、充满尊重的师生关系。在准确把握有效教学核心理念的前提下，创新工作思路和实验途径，探索适合校情、班情和学情的活力课堂教学模式。

活力课堂的构建可以尝试在教学过程中合理利用情境，即创设一种适合学生学习的情景，引发学生的学习兴趣和好奇心，便于学生对知识进行重组与改造，这对于激发学生的求知欲具有重要作用。

活力课堂的构建鼓励运用多媒体技术。教师利用多媒体制作工具(如几何画板等)和各种素材来制作多媒体课件,形象地演示教学中某些抽象的内容,能帮助学生更好地理解。此外,也可利用多媒体技术创设情境,运用图片、视频等形式调动学生的学习兴趣,为教学注入新的生机与活力,使课堂教学变得更加形象,形式内容也更为丰富。

❋ 教师案例

激发学习兴趣,打造活力课堂(教学片段)

一名教师为激发学生学习数学的兴趣,从以下 3 个方面打造活力课堂。

创设教学情境

在教授"解直角三角形应用——测高"一课时,考虑到这部分内容较为平淡枯燥,教师在教学设计时先呈现了上海中心大厦、东方明珠电视塔等建筑在璀璨夜景中的图片,从视觉上给学生以强烈的冲击,吸引学生的注意力。然后结合创设的情境将例题改编成测量东方明珠电视塔高度的问题。这样既紧扣了教学内容,活跃了课堂氛围,又抓牢了学生的眼球,吸引他们投入课堂学习。

安排实验活动

在教授"圆的确定"这一节中,教师安排学生通过画草图探索"过一点、过两点、过三点分别能画多少个圆,圆心和半径分别如何确定"等问题，并且在同桌之间互相交流想法。学生马上动起手来，并时不时传来低声的讨论，课堂马上活跃起来。在之后的小节中，学生分别对"过一点、过两点画圆"得出了一致的正确结论，却在"过三点画圆"上出现了分歧。最终学生通过讨论得出了正确的结论。在下一环节"画三角形的外接圆"时有部分学生快速地将问题转化成"过不在同一直线上的三点画圆"，发言的热情顿时高涨，课堂气氛活跃，教学效率也明显提高。

讲解数学典故

在学习无理数时，教师讲述古希腊毕达哥拉斯学派的弟子希伯修斯发现无理数的故事，并询问学生："因为这个发现，希伯修斯却被恼羞成怒的学派领导人扔进大海，你们想知道这个故事吗？"学生的兴趣马上被激发了。就这样，一个简短的数学典故使得枯燥的数学教学有了浓郁的文化气息，数学教学不再是单向的知识传递，而变成了生动的文化交流。

4. 优化课堂提问和课堂作业布置

构建活力课堂要关注问题设计，优化课堂提问。教师在设计题目时既要设计难度适中的问题，培养学生敏捷的思维能力，又要设计开放型的问题，培养学生的发散思维能力。鼓励学生从不同的角度、侧面和层次进行思考，以寻找解决问题的多种途径和方法，进而达到知识的融会贯通。当学生各自发表不同意见和见解的时候，活跃的课堂氛围也就形成了。

教师还可以设计"幻想目标"问题，提高学生的创新能力，引导学生大胆幻想事物的未来，并以此幻想目标为导向，激励学生通过改组、迁移和综合运用掌握的知识，寻找各种将幻想目标化为现实的途径，从而增进创新技能。学生在自学过程中难免会遇到各种各样的学习障碍，教师应鼓励学生提问，并且通过自己的能力去解决。在此过程中，教师要善于提问，营造机会让学生发问，让学生去主动发现问题。

除了优化问题设计，我们还可以在课堂作业布置上进行创新。为了让学生自发投入学习，可以提供几类练习，让学生自行选择感兴趣的内容进行操练，最后在全班交流。或者将布置课堂练习的权力交给学生，集思广益（教师给予一定的指导），使学生真正成为学习的主人。此外，还可以借助现代电子设备布置课堂作业，在电子设备上发布作业后统一批改。

5. 创建活力课堂工作评价标准，强化引导与评价环节

不可忽略的是，要判断活力课堂是否真正具有活力，是否达到活力课堂的标准，不能仅仅依赖外在表现和主观感受，必须形成系统的活力课堂评价标准。根据活力课堂教学的基本要素，从教学目标、内容、策略和效果以及教师素质等方面细化评价标准，建立细目表，为积极参与活力课堂建设的教师提供具体有效的教学参考。基于活力课堂内涵、特点等的分析，通过问卷调查、研讨、座谈等方式，有效观察活力课堂，在各个教研组开展活力课堂评价标准的制订。在教工大会和教研组开展活力课堂标准的学习和讨论，从而在备课、上课时能够根据评价标准指导教学。

（三）实施活力课堂的途径

我们从专家专题报告讲座、活力课堂标准的确定、活力课堂展示

交流活动以及反思等方面展开活力课堂的研究，努力将理论与实践有机地结合起来，形成科学的理论体系，以便进行检验和推广。

1. 理论学习

通过阅读、专家报告等方式，在教师中进行创建活力课堂的理论学习，并借助各种形式在学生和教师中开展活力课堂的学习和宣传。

（1）阅读活动

充分利用寒暑假积极开展阅读活动，鼓励教师阅读相关书籍，从中获得启发。结合活力课堂项目，畅谈感想，提出自己的思考，并撰写读后感。

（2）专家专题报告讲座

为了促进教师队伍建设，获得更多关于创建活力课堂的理论知识，帮助教师更好地实现从以知识传授为主的教学方式向以学生能力素质培养为主的教学方式的转变，并将信息技术融入教育教学中，学校定期邀请专家为教师做相关讲座。

2. 编制与试行活力课堂评价标准

基于活力课堂的特点，课题小组经过讨论，制订了《上海市江镇中学活力课堂评价标准（讨论稿）》（见表3－7）。由各教研组通过问卷、研讨、座谈等方式进行讨论后定稿。学校特聘专家指导活力课堂项目，深入挖掘活力课堂的内涵与外延，重新审视活力概念的界定，并指导活力课堂评价标准的修订。

表 3-7　上海市江镇中学活力课堂评价标准(讨论稿)

序号	评价标准
1	学生情绪高涨,求知欲强,学生兴趣高
2	学生思维活跃,能积极主动参与各环节的学习活动
3	学生在教师的引导下大胆发言,敢于质疑,勇于创新
4	课堂以学生为主体,学生参与性广,参与性强
5	师生互动频繁,课堂气氛活跃、热烈
6	师生关系平等、融洽,师生之间平等交流
7	教学目标与学生的心理特征和认知水平相适应
8	教师关注差异,能为各层次学生提供平等参与的机会,并进行有针对性的指导
9	教师有较为丰富的组织能力、课堂把控能力,有独特的教学风格,教学具有独特性且教学效果突出
10	教师教学情绪饱满、热情、有感染力,善于唤醒学生的自主意识,激发学生的学习兴趣
11	教师合理使用多媒体技术手段,整合各种教学资源
12	教师教学形式多样化,能够激发学生学习兴趣,培养思维能力
你认为在以上表格中,还有其他未提到的"活力课堂"评价标准吗? 如有,你认为是:_____	

　　通过观察一系列研讨课和展示课,结合专家的宝贵意见以及各教研组的讨论意见,课题组在活力课堂评价标准 1.0 版本的基础上进行了升级,将其更新至 2.0 版本,即《上海市江镇中学活力课堂评价标准

116

（试行稿)》(见表 3-8)。

表 3-8　上海市江镇中学活力课堂评价标准(试行稿)

类别	评价标准	分数
教学目标 （20分）	1. 教学目标设置不仅符合学生学情,同时要让学生各方面学习需求得到满足。 2. 教学目标设置不仅要注重学生知识的获得,更要体现学生能力的培养	
教学内容 （20分）	1. 注重教学内容的总结和提升,对学生提出有价值的问题进行拓展。 2. 注重知识发生过程,突出能力培养	
教学策略 （20分）	1. 教学手段不单一,能够运用多种教学形式引发学生学习兴趣。 2. 教学设计注重培养学生学习能力,体现自主学习、合作学习、探究学习。 3. 教学设计关注学生差异,能够使全体学生参与课堂	
课堂气氛 （20分）	1. 学生学习气氛浓厚,积极参与课堂,对课堂学习充满兴趣,求知欲旺盛;学生思维活跃,勇于创新。 2. 师生互动频繁,课堂气氛轻松、活跃,师生关系平等和谐,教师充分做到以学生为课堂主体	
教学效果 （20分）	1. 学生兴趣浓、积极性高,在课堂上体验到学习成功的愉悦,有进一步学习的愿望。 2. 教师情绪饱满、充满激情、有感染力,善于唤醒学生自主意识以激发学生的学习兴趣	
总分		

3. 活力课堂展示交流活动

课堂教学活动是学校教育活动的核心领域。为了积极推进活力课堂项目,提高教师的教育水平,并激发课堂活力,我们紧紧围绕活力课堂这一主题开展研究。除了定期开展校内公开课评比等活动外,还定期与兄弟学校联合举办活力课堂展示交流活动。在课堂教学中,我们探究实验规律,积极开展课堂教学研讨,总结出了活力课堂的基本模式和有效教学策略。

在教学展示周活动中,教师们在启动仪式上聆听了专家报告"基于脑科学的课堂教学"。活动周期间,开展了生物教学专题研讨"乡土课程与生物教学"、数学教学专题研讨"数学归纳法"。此外,聘请校外优秀教师进行信息技术与学科整合课堂教学展示,并在课后通过在线评价系统,结合活力课堂评价标准对每堂课进行评价。

为了进一步推广现代教育技术在教育教学中的应用,深化活力课堂的推广,学校开展了一系列校本研修暨信息技术应用周活动。同时,引导教师对学校活力课堂的特点和标准进行研讨。

在活力校园项目专题研讨活动中,学校优秀教师为到场专家和教师展示了人文素养类、科学实践类、学科拓展类和生活技能类等课程。

为了进一步推广现代教育技术在教育教学中的应用,学校以"汇报交流、示范引领、名师点评"的形式开展以"聚焦学科核心素养、提升课堂教学活力"为主题的交流展示活动。在活动期间,教师充分利用学校专用教室的教学资源,结合活力课堂的评价标准,由学校青年教师和来自兄弟学校的优秀教师开设多门学科展示课。

这些丰富多彩的活动调动了教师的积极性、主动性和创造性,同时提升了广大教师的自身素质和教学能力。这些活动为课堂教学增添了生机与活力，激发了学生上课的兴趣和热情。

（四）活力课堂实践成果

随着活力课堂实践研究的深入进行，广大教师对学生的学习潜能、学习本质以及课堂教学策略等方面有了全新的认识。这些新认识有力地推动了课堂教学方式的转变，使学生能在充满活力的课堂中高效学习，进而促进了学校课堂教学质量的提升和学生素质全面、和谐的发展。

通过活力课堂的教学实践和对成功案例的观察，我们总结出了以下两种"活力课堂"模式，如图3-1所示。

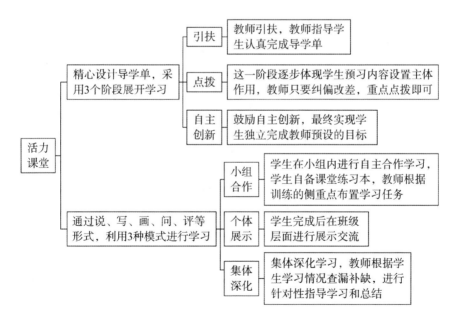

图3-1　活力课堂模式图示

在活力课堂实践研究过程中，得益于课题组的支持和鼓励，学校教师不断改进教学计划，积极参与活力课堂标准的讨论与制订。他们及时总结和反思经验教训，撰写活力课堂教案和相关案例。教师的专业能力得到全面提升，教育理念得到更新，其课堂教学更加注重以学生为本，教学方式也变得更加灵活多样。

学校教师已经基本能够在课堂中熟练运用现代教育技术，如希沃白板、极客课软件等，从而提高教学效率和质量。与此同时，学科专用教室（如英语语音教室和理科创新实验室）的使用率也逐步提高。这些设施在拓宽学生视野的同时，充分调动了学生学习的积极性。

随着学校课堂教学模式和教师教学方法的变革，学生的自主学习积极性得到了激发，课堂变得越来越充满活力。学生的主体地位得到有效提升。学生自主参与学习的意识逐渐增强，他们能够积极地参与课堂讨论，并勤于探究和实践。同时，学生的自主学习和合作交流能力得到了锻炼，在课堂中实现了多元合作、多向互动和自主探究。

在活力教学活动中，活力课程的开发是非常关键的一环。活力课程组已经成功地建立了课程开发、管理、监督和评价机制，发掘了许多新的课程资源，并在校内试验性地开设了一些特色课程。对已经开设的活力课程，需要及时进行跟踪调研，对课程设置的科学性和合理性进行诊断和调整；关注学生感知和教师授课内容的连贯性；为已开设的课程制订个性化的评估指标；评选优秀活力课程并展示，且给予适当的物质奖励。此外，会充分利用附近的校外课程资源，采取社团活动方式,结合走出校园或引入校外资源的方法,尝试构建本土化、多样化的课程。

　　在持续深入研究的基础上,我们及时进行理性思考和科学总结,撰写研究报告,整理研究材料和附件,形成语文、英语、数学、劳技、美术、音乐等学科的校本读物和案例专辑等。这些成果已接受专家评定,并在日常教学中得到实施和应用。

第四章

特色教育：
让绿色的育人目标落地

第一节 环保教育:提高师生环保素养

特色教育的实施立足于学生走向校园和融入社会的大背景,要真正地探索和解决实际问题。环保教育是国家发展的需要。2012年,党的十八大将"生态文明建设"置于重要地位,强调环境保护是国家可持续发展的关键战略措施,保护环境是每个公民的神圣职责。老港中学位于偏远的农村地区,周边环境污染问题非常严重,居民深受其害。针对老港周边的环境问题,我认识到环保教育应该立即从孩子抓起。

一、环保教育项目概述

老港中学南邻养猪场,北临化工园区,东靠垃圾码头,附近环境污染问题格外突出,居民深受其害。同时,他们的不良生活习惯和淡薄的环保意识也加剧着环境的恶化。因此家庭和社区急需学校重视环保教育。学校依托周边社会资源,如主营废物利用的上海森蓝环保有限公司、种植无公害蔬果的上海爽快农耕园、主营空气检测的上海宁和环境科技发展有限公司等具有先进环保科技实力的企业,建立了多个校外环保基地,即借助丰富的本土环保资源为学生的环保行为养成教育提供了良好的平台。

多年来,我始终重视环保养成教育。在区级课题"农村中学少先队环保行为养成教育的实践和研究"顺利结题的基础上,又立项了以"农村中学依托社会资源实施环保教育的实践与研究"为主题的区级科研项目。这是环保教育的延续即全校师生共同参与环保教育,让他们掌握解决环境问题的方法,培养其环境保护的责任感。

二、环保教育项目的实施

(一) 前期调研

在项目实施前期,我们对全体学生的环保意识和环保知识进行了问卷调查。结果显示,农村中学学生总体上的环保意识较差,缺乏环保知识和环保责任感。许多学生对于"世界环境日""垃圾分类""环保标志"等基本知识了解不足。例如,在国家颁布"限塑令"之后,尽管很多学生知道一次性塑料袋的危害,但真正能够拒绝使用一次性塑料袋的人却很少。调查结果还显示,有的家长的环保意识较弱,行为习惯不佳,对孩子破坏环境的行为视若无睹。家庭环保教育亟待加强。

环境问题是社会问题。在了解环境污染形成原因后,学校需要依托社区和企业发现问题,并借助先进的科技力量改善校园环境。项目组要与企业和社区保持良好的沟通与协调,充分利用他们的环保资源，邀请他们担任校外辅导员，成立校外实践基地和建立校外生态园等。在项目开始之前，学校、社区和企业需要进行充分的情感交流，争取实现共赢，为项目的顺利开展奠定基础。

（二）建立组织架构

在前期调研的基础上，学校成立了由校长担任组长的项目领导小组。经过讨论，我们制订了项目实施的初步方案。项目领导小组的每个成员都被分配了相应的任务。

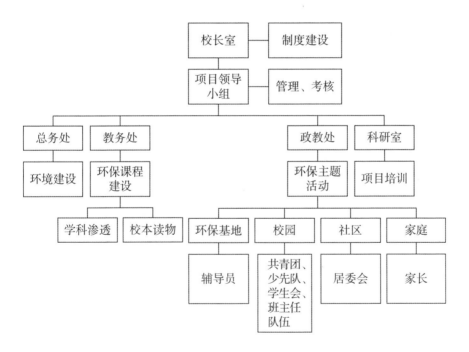

图 4-1 环保项目组织架构图

同时，项目组设计了项目活动记录表，要求每次活动都要详细记录并收集影像资料，注重过程管理。

(三) 设计项目实施内容

项目组以"科学求真,人文求善,生态平衡,环境育人"的教育理念,全面开展环境教育,提升师生的环保素养。

1. 环境熏陶,改变行为意识

校园环境并不仅仅是表面上的校园硬件设施建设,它是学校文明程度的重要象征。校园环境在一定程度上显性地反映了学校师生的文明程度和道德情操。

学校在硬件方面致力于美化校园,精心设计各种景观,使其体现人与自然和谐发展的理念。在软件方面则加强管理,在美化、绿化、优化校园环境中,制订相关规章制度;将责任区划分到相应班级,进行日常管理,并纳入班级量化考核;利用集会、广播、宣传栏、黑板报、讲座、网络等手段宣传校园环境。

2. 课程教育,掌握环保技能

由学校教务处牵头,教师们在物理、化学、生物、地理等学科教学中挖掘环保教育素材,使学科与环保问题紧密相连。教师通过搜集学科环保材料,随时在课堂中渗透环保知识。

项目组根据学校周边的环境污染特点,编写校本读物,分层安排教学内容,为初中的每个年级开设环保教育课程。例如,在六年级开设"让地球生机勃勃,让家园绿意浓浓"环保课程,七年级开设"垃圾分类指导"环保课程,让学生通过课程掌握环保技能。

3. 主题活动，提升环境素养

由学校政教处牵头，利用共青团、少先队、学生会、家长委员会、社区、环保基地等开展丰富的环保主题活动。将环保教育活动作为学校德育的重点，以此激发学生的责任感和环保意识。主要包括以下几方面：

① 家庭、学校、社区联动，环保主题教育活动丰富多彩

环境教育是学校德育的重要组成部分。政教处充分利用各类组织的效应与特长，有序地安排全校学生参加环保主题教育活动。活动分为学校、社区和环保基地 3 个层面。

学校：创建美好校园，争做环保卫士

校园是环保教育的主阵地。寓教于乐的主题活动是政教处开展环保教育的重要途径。在长期的实践中，共青团、少先队、班主任队伍等在活动中积累了丰富的经验。相关活动分为主题性活动、系列性活动、节日性活动等。

环保主题性活动围绕一个明确的主题进行教育。例如，针对午餐严重浪费的现象，开展"珍爱粮食、文明用餐"活动；针对校园乱扔纸屑的现象，开展"保护环境，从我做起"的主题队会活动等。

环保系列性活动是围绕一个主题展开的多种相互联系的活动。如学校将每年 3 月定为环保主题月。3 月的第一个星期一，利用升旗仪式开展"环境保护主题月"启动仪式，紧接着开展"传承雷锋情 传递正能量"环保义卖活动、废旧电池换绿植活动、绿色种植体验活动、

"保护环境,从我做起"的黑板报评比等活动。

环保节日性活动是利用各种重大环境类节日,结合上级要求和各类媒体信息,组织开展主题活动。比如在 5 月的无烟日开展系列活动,通过展板、签名、班会主题活动等形式进行禁烟教育。

社区:致力节能减排,共建美好家园

学校开展了一系列社区环保实践活动,如党员在社区街道开展捡拾白色污染物行动,团(队)员去火箭发射基地开展清扫行动,少先队员开展的雏鹰假日环保小队行动,即利用双休日、寒暑假、节假日到老港敬老院、建港村文化服务活动中心、老港集贸市场、中港集贸市场及校园周边开展卫生保洁活动,赢得了社区居民的一致好评。

学校联合社区组织了"同在蓝天下,关爱共成长"图书捐赠活动,共捐赠各类图书近 2000 册给边远贫困山区的孩子。

学校还开展了"小手牵大手、环保你我他"家庭环保宣传活动。项目组通过"致广大学生家长的一封信",将环保、生态、文明的理念传播到家庭、社区,倡导全家一起学习生态文明,养成绿色生活的习惯。

环保基地:让地球生机勃勃,让家园绿意浓浓

社会是大课堂,活动离不开社会大舞台。我们依托校外环保基地开展各种丰富多彩的环保实践活动。

通过"手拉手、爱地球"参观活动,组织学生来到上海老港废弃物处置中心参观学习,观看基地视频介绍,参观垃圾码头、垃圾填埋、垃圾焚烧等生活废物处理设施及其处理过程。

学校组织学生参观上海森蓝环保有限公司。基地讲解员详细讲解废旧电子设备对环境的破坏及循环利用的价值,并鼓励学生积极参与环保公益,使低碳环保成为社会的普遍共识。之后,发起了以"你来环保我送健康"为主题的废旧电子设备换绿植活动。收集的废旧电池会被上海森蓝环保有限公司重新加工利用。

学校还组织学生去"开心农场"参加实践活动。在"开心农场"农耕园里,学生们从蔬菜的种植到果实的采摘,全程体验了劳作的艰辛,懂得了要珍惜劳动成果。

② 建立校外实践基地,社团探究活动蓬勃发展

针对学校周边的环境问题,学生会依托基地的环保资源发起倡议,宣传并招募社团成员。制订社团研究主题和活动计划,开展环境污染的具体考察、分析、实践活动,并开展以环保为主题的探究性学习活动。组建了 3 个社团,每个社团由项目组领导,学生会负责具体实施。

社团一:依托大河蔬果合作社和爽快农耕园,建立校外生态园并成立"绿农社"。学校地处农村,毗邻大河蔬果合作社和爽快农耕园这两大农业示范基地。学校依托这些资源,成立老港中学校外生态园基地。先举行奠基仪式,再组织学生学习绿色种植课程,最后,让他们实践耕作并收获成果。

社团二:依托上海老港废弃物处置中心和上海森蓝环保有限公司,成立"资源社"。以"垃圾分类,变废为宝"为主题,组织社员参观两个环保基地。让学生通过垃圾分类相关知识的介绍,了解电子废弃物

的危害和资源循环利用的重要性,感受废弃物数量之庞大、分类的紧要性以及变废为宝的可行性。同时,社团在校园组织各类相关活动,如将班里的纸张、塑料制品和废旧电池、光盘等垃圾进行分类与保存,并开展"变废为宝"小制作等活动。

社团三:依托上海宁和环境科技发展有限公司,成立"蓝天空气哨社团"。社员们积极参与社团的各项活动,每天观看天气预报,记录并统计数据,共同完成研究报告。社团积极开展多项活动,如每天检测校园空气质量,记录每月雾霾天气的天数;组织社员找出学校周边影响空气质量的污染源;为学生举办关于空气污染的讲座。

三、环保教育项目的成果

(一) 提高师生环保意识

完善学校环保设施建设,例如校门口设置有绿色回收箱,用于回收废旧电池、电子设备等。当回收箱内物品达到一定数量后,我们统一交给相关公司进行再利用。根据学生活动频率,设置足够的垃圾箱,并要求对其分类。每个教室设立绿化角、卫生角、废物利用角,保证教室整洁、美观和环保。在学校楼道、长廊、宿舍、食堂、校园、教学楼等场所加强宣传和管理。

建立和完善各项规章制度,将环保纳入学校重大议程,让全校师生深刻理解环境保护的重要性。例如,学校每天的常规工作包括午餐管理——培养孩子节约意识,每天剩余的饭菜要过磅,不能随意浪费;

执勤管理——培养孩子节能环保意识,做到随手关灯、关电器、关水;每天的班级量化管理,帮助学生养成良好的环保素养。通过奖励机制进一步促进师生的环保意识养成。

美化的校园环境有利于培养学生的高尚情操,提高学校的办学质量,促使教育朝着更好、更健康的方向发展。

(二)赋予师生环保技能

学校安排教务处牵头实施环保课程,帮助学生掌握环保知识,提高环保意识。一方面,将环保教育融入课堂。根据不同学科特点,有目的、有计划地进行环保教育,提高技能、增强意识、掌握方法,拓宽环保教育渠道。项目组在教研组会议上宣传动员,要求每个备课组有3—4个渗透环保意识的教案,1—2篇关于学科渗透环保教育的论文。收集这些教案、论文后,组织评审,最终选出40多篇教案编入《学科渗透环保教案集》,14篇文章编入《环保论文集》。其中,《生态农村,美丽乡镇——农村初中实施少先队环保教育课的实践探索》一文在区少先队活动杂志上发表。另一方面,编写读物促进课程开设。针对学校周边地区的环境污染及整治情况,编写校本读物《让地球生机勃勃,让家园绿意浓浓》。读物编辑由专人负责,项目组成员及相关教师组成编写组,根据学生认知行为、环保习惯、环保基础知识等编写环保活动课读物,并在初中少先队活动课中试用。

(三)提高师生环保素养

丰富的环保实践活动的开展,使环保意识内化为学生的自觉行为。我们通过"小手牵大手"的方式,将环保意识传播至每个家庭、社区。在主题活动中让学生发现问题,并通过师生互动,引导学生积极探索、反思环境中存在的问题,从而提高环保实践能力。每个活动有宣传方案和过程总结。我们收集了相关资料,编制了《环保主题教育系列活动汇编》(分为学校篇、基地篇和社区篇)。

(四) 环保教育项目的实践经验

环保教育项目经过一年多实践研究,完成预期目标,取得了阶段性成果。首先,采用"工作项目化、项目研究化、研究责任化"的原则,使项目实施与日常工作结合,以落实项目;其次,采用"全方位、立体化、网络化"的实施策略,覆盖全校师生,联系家庭、社区和基地,利用网络优势关注环保热点;最后,利用各级组织、参与者特点搭建平台,分层推广环保教育,形成立体教育模式。

然而,项目还存在一些问题,如:环保理念如何内化于心,外化于行,不流于表面教育? 如何让学生内心获得真正体验,并化为积极行动? 环保活动主题设计、形式突破、情境创设等方面如何创新? 系列活动在精细化管理上如何下工夫,使之不是为搞活动而搞活动?

面对当前的环境,仅依靠社区和学校,学生很难做出改变。学校开展环保教育,旨在从意识培养方面对青少年进行养成教育。当学生的意识改变后,他们的实践行为才会有所改变。环保教育项目虽已结束,但学校的环保之路仍任重道远。

第二节　生态环境教育:树立生态道德观念

前期,我在老港中学进行环境保护教育,重点培养学生的环保意识。后期,我提出要引导学生从培养环保意识向系统学习生态环境教育课程转变,让学生内化于心,外化于行。

一、生态环境教育项目的背景

一个国家的文明程度,首先体现在其生态环境教育水平上。生态环境教育旨在引导人们形成相对平衡的生态行为,建立社会生态伦理规范和生态道德观念。通过学习保护生态环境的知识,人们能够改变态度,提高对自然环境的情感、审美情趣和鉴赏能力,从而创造出个人、群体和整个社会环境行为的新模式。

生态环境问题对各个国家都至关重要。如何帮助人类建设和谐的家园,使人与自然相处融洽,对每个人都具有重大意义。然而,生态环境问题往往因为意识淡薄和知识匮乏,因人类自身行为导致生态环境恶化。因此,我逐渐认识到,一个缺乏生态环境教育的民族是令人悲哀的。保护生态环境是每个公民的神圣职责。生态环境教育应从孩子抓起。

基于此,我运用已有经验,在校本课程开发中加入生态环境教育,引导孩子们从接受生态环境意识转向主动学习生态环境教育课程。

二、生态环境教育项目的实施

(一) 前期准备

环境问题是社会问题。学校要依托社区发现问题,了解环境污染的原因以及学习运用先进科技改善校园环境。在项目开始前,项目组与企业、社区进行沟通协调,邀请相关技术人员担任校外辅导员,确定生态环境教育内容,并建立生态环境教育基地。

(二) 建立组织架构

在前期资源收集的基础上,学校成立了项目领导小组,由我担任组长(详见图4-2)。项目领导小组的每个成员都需要承担相应的任务,明确各自的责任。

通过项目招标方式,我们成立了4个子项目组,分别是普及型教育组、拓展型课程组、研究型课程组和活动型课程组。每个组需要提交详细且切实可行的子项目申请报告和实施方案。

项目实施采用3级管理制度。第一级是总项目组,负责制度建设、顶层设计和保障工作;第二级包括科研室、教务处和政教处,政教处负责项目宣传和生态环境主题教育活动,教务处负责实施生态环境

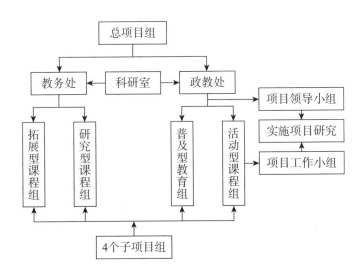

图 4－2　生态环境教育项目组织架构图

拓展型课程和研究型课程,科研室负责规划、技术问题和项目培训;第三级由政教处组织班主任、共青团、少先队、学生会和家长学校等负责各项主题活动。教务处下面的学科组则负责项目学科渗透,各学科根据自身特点整合生态环境资源,利用课堂进行生态环境教育和研究性学习。项目组还设计了活动记录表,要求教师详细记录每次活动,收集影像资料,注重过程管理。

(三) 开发生态环境教育课程

1. 开发以生态环境教育为基础的普及性校本读物

为了开发普及性校本读物,我们需要从两个方面收集生态环境相关的知识。一方面,通过文献研究法,搜集关于生态环境现状、生态文明观念、生态环境法治教育和生态文明技能的知识,以便后期进行分类编制。另一方面,通过调查研究,收集学校周边企业在生态方面的相关知识,作为基本生态环境教育资料,并依托区域资源编写普及性的校本读物。

为了顺利开展调查研究,我们成立了生态环境调查组,组织部分教师和学生参观学校周边与生态教育有关的企业,了解其经营情况。这使师生对企业在垃圾处理、能源再生利用、生态环境保护等方面的生产活动有了更深刻的认识。这些专业人员的讲解增强了学生的生态环境意识和责任意识,并为校本课程的开发积累了更多有价值的第一手资料。

同时,我们成立了生态文明教育校本课程开发组。普及性的《生态环境教育读本》由教师具体编制。读本共分为3章:第一章为"保护环境,减少污染",是从认识各种环保标志入手,分析电子垃圾、酸雨等污染造成的危害,使学生意识到环境保护、减少污染的重要性,自觉养成保护环境、重视生态文明建设的行为习惯;第二章为"促进健康,生态消费",是从关注人体健康的饮食结构和习惯出发,介绍常见蔬菜及其营养、蔬菜种植的基本技术、转基因与生态农业、无土栽培、室内装修、文明就餐、保护野生动物等内容,并通过参观爽快农耕园体验农耕文化;第三章为"节能减排,低碳生活",通过空气污染问题引出话题,介绍温室效应、森林与生命、自然保护区、家电节能小技巧、新能源汽车等内容,使学生了解节能减排和绿色发展的重要意义。

开发《生态环境教育读本》的目的是通过学习和讨论生态环境教

育知识，组织学生参与各项环境教育实践活动。这不仅能使学生了解并掌握环境保护、健康促进、低碳生活的相关知识，理解环境保护的基本方法和要求，还加强了学生的环保意识，使他们成为环境保护的积极参与者和实践者，从而达到良好的教育效果。

2. 开发以生态环境教育为基础的拓展型课程

从学科教学中提炼生态环境教育素材后，按学科分类形成生态环境教育类的拓展型校本读物，这是学校的一项成果。

首先，我和项目组会召开教研组长会议，通知教师们本年度教育教学活动将围绕生态环境教育项目展开。在学科教学方面，要求每名教师在学科教学中挖掘生态环境教育素材，并形成案例。同时，鼓励教师开展渗透生态环境教育内容的公开课，并举办以生态环境教育为主题的青年教师教学评选活动。

其次，在学期末，教务处会开展生态环境教育案例征集工作，使生态环境教育成为课堂拓展内容的有机组成部分。具体要求为：教师们结合自己所教学科特点，在课堂上进行生态环境教育渗透，提交拓展型教案及 800 字以上反思或案例；40 周岁以下的青年教师必须参加，其他教师积极投稿。

最后，生态环境教育案例评选小组对所有的案例进行校内初评、筛选，寻找可作为校本读物的素材。科研室对入围教师的案例中存在的问题给予纠正和指导，提出修改建议，教师们再对自己的案例进行修改。

一年来，相关拓展型课程的开设不仅丰富了学校绩效考核的内容，还为其他拓展型课程的开设提供了大量的第一手资料，取得了显著成果。这主要体现在以下3个方面：一是教师参与度高，全校共有75名教师参加了评选活动，约占全校教师数量的65%；二是学科覆盖面广，包括语、数、英、理、化、生、史、地、政、音、体、美、劳技和心理等，教案质量明显提高；三是材料内容丰富多样，呈现了人类活动对生物多样性的影响、高中数学渗透生态环境教育、物理与生态环境、噪声污染及其危害、建设资源节约型环境友好型社会、环保海报教案设计、远离雾霾保护环境等主题。经过评选，共有29篇教案入选。

尽管教师编写的教案还较为浅显，但教师在学科中渗透生态环境教育的意识已经培养起来了，并且教师能将其作为学科教学目标，在常态教学中进行渗透。

3. 开发以生态环境教育为基础的研究型课程

学生综合素质评价的开展对研究性学习提出了具体要求。为此，我们通过实施生态环境教育项目，为学生开展研究性学习创造了新平台。在高中阶段，我们开设了与生态环境教育相关的课题研究活动，分为以下3个方面。

首先，成立生态教育研究性活动指导小组。我们成立了由班主任和任课教师组成的生态教育研究性活动指导小组。在教务处的组织安排和科研室的积极介入下，结合学校周边的生态特点，组织高中年级的学生深入相关企业调查和研究,并撰写生态环境教育研究性报告。经过半年的宣传、组织、申报和审核,最终确定每个高中班级拥有3至4个与生态环境相关的研究主题。

其次,精心选择课题,突出地方特色。通过调查,发掘与生态教育相关的、可供学生研究的资源。同时,依托这些基地并聘请相关专业人员,开发以生态环境教育为核心内容的研究型课程,进一步完善学校课程结构。

最后,完善学校的顶层设计,加强课题指导和管理。项目组在充分讨论后制订顶层设计方案并发布学习方案,加强对各研究小组的管理和指导,明确小组分工和职责。指导原则旨在引导学生从周边环境中发现问题,寻找切入点,自主查找资料,并通过合作讨论,筛选和加工形成具体的小课题。

在高二和高三学生中进行以项目为抓手的研究性学习,即小课题研究,周期为一年。选题涵盖了生态环境、垃圾分类、食品安全、能源利用、环境污染等领域。科研室积极参与,为学生全程提供指导,从课题名称的规范性、研究过程的可操作性、课题研究方法的选择以及研究成果的表述等方面进行辅导。

该研究型课程的内容源于社会环境,由师生共同开发。学生在教师指导下积极主动寻找研究主题,实现了课题的课程化。对学生而言,通过研究提高了自身发现问题、解决问题的能力,增强了环境保护意识、责任意识、担当意识、合作意识和研究意识。尽管学生的研究尚显稚嫩,但通过选题、研究方法的选择、研究方案的设计、研究成果的表述等环节,他们体验了研究的过程,丰富了高中阶段的学业评价内容。

培养研究型学生需要研究型教师。学生的研究过程需要教师的全程指导,这迫使教师不断学习和提高。在这个项目中,教师通过一年的参与,掌握了科学研究的基本范式,逐步形成了指导学生进行研究性学习的能力。

(四) 组织以生态环境教育为基础的活动社团

学校以社团为主要载体,开展生态环境教育活动,共组建了 5 个生态环境类的社团。这些社团举办的各种活动,让学生不断接受生态环境教育的熏陶。

1. "绿色地球"社团

学校邀请中国科学院上海高等研究院二噁英研究室的专家俞峰老师来校,开展"二噁英的毒害"专题讲座。随后,社团以推动降能减排、传播绿色文化为主要指导思想,组织系列社团活动,如参观二噁英实验室、"大手牵小手"宣传二噁英危害活动、制作二噁英宣传小报、进行关于二噁英的基础知识调查等。鼓励学生从自我做起、从身边做起,把环境保护的重要性牢记在心,为生态环境做出一份微薄的贡献。在校园中,社团还开展了"爱鸟护鸟,亲近自然"的观赏类活动。先观察校园中的鸟类种类与形态,学习相关鸟类知识,再通过展板、竞赛等形式促进学生掌握知识。

2."绿色新生力"社团

"绿色新生力"社团秉持树立强烈的生态环境意识,培养良好的生态环境习惯的宗旨,积极带领大家关注自己的生活环境。社员不仅可以和相关公司研究人员一起记录观测、分析数据,体验研究过程,还可以参加"送植入园,净化空气"主题活动,通过认养盆栽、植物的方式,培养爱绿、护绿的观念。

3."开心种植"社团

"开心种植"社团旨在培养学生变废为宝的能力和观念,以及珍惜粮食和环境、积极保护自然环境的良好品质。老港中学具有地处农村的地理位置优势,在校外有较多生态环境基地,可以组织社团成员进入农田,感受农民的生活和他们的辛苦劳作过程。

4."绿源之家"社团

"绿源之家"社团的宗旨是培养学生保护环境、热爱绿色的意识,体会资源的珍贵性与不可再生性。社团通过举办专题报告,让社员了解废旧电池乱扔对土地和水源的危害,并提出珍惜资源、保护环境的重要口号。同时,社团在校内开展"废旧电池换绿植"的主题活动。这个活动虽小,但意义重大。它体现了可持续发展的绿色精神,实际上只要人人学会珍惜资源,学会垃圾分类,学校的绿色生活就将持续下去。社团教师还带领学生到上海老港生态环保基地进行实地考察。垃圾数量的庞大、垃圾处理过程的繁杂都让学生们感到震惊,他们纷纷表示以后要为社会尽一份力,少扔包装袋等,以积极响应"创生态环境,让城市美好"的绿色口号。

5."生态环境手工"社团

"生态环境手工"社团通过手工方式倡导生态环境保护,提高学生对环境保护的自觉性。如以"筑梦"为主题举办 DIY 生态环境手工比赛。比赛利用废旧材料进行创作,把废弃材料重新拼接合成美丽的物品。同时,社团以考察、主题活动、专题讲座等形式,把生态环境教育融入生活和学习中,收到良好效果。

学校位于农村,课外活动资源有限,硬件设施不丰富,学生学业基础较弱,评价体制和升学压力导致教师每天疲于学科教学。同时,课外活动缺乏合适的抓手。生态环境教育项目的实施,为课外活动的开展提供了一个很好的切入点。初中通过少先队,高中通过团支部、学生会围绕生态环境教育,走出校园,在生活中增强学生保护大自然的意识,并通过"小手牵大手"活动,把这种理念辐射到家庭和社会。社团围绕项目目标,通过考察、主题活动、专题讲座等形式设计社团活动,既提高了学生的意识,又增强了他们的动手能力;既完成了项目要求,又丰富了学生接受教育的途径和方式。

第五章

校园文化：
推动学校教育可持续发展

第一节　校园物质文化:营造活力育人环境

学生所受教育不仅仅是知识传授,还包括周围的环境熏陶。在江镇中学,我们致力于营造充满活力的教学环境,创造生机勃勃的校园氛围,陶冶师生情操,培养其健康的人格,全面提高师生素质。

一、校园活力物质文化建设途径

通过对校园环境的规划与建设,我们进一步规划和完善各种文化设施,使校园的楼、路、庭、树、草、亭等实现使用功能、审美功能和教育功能的和谐统一。将办学理念、办学特色和学校精神融入校园景观,利用主题雕塑和学生书画作品等载体营造文化氛围,不断提升校园物质文化环境的层次和品位。

校园物质建设要打破固有的、一成不变的、不生动的模式,丰富校园文化内涵,使校园里的一草一木、一字一画都成为校园文化建设的载体,成为教育的文化阵地,让每一面墙壁都传递教育信息,让每一个物件都具有育人功能。

苏霍姆林斯基曾说:"要使学校每一面墙壁说话,发挥出人们期望的教育功能。"我们应充分利用宣传窗、阅报栏、黑板报、校园广播、自媒体等渠道,并将学校的教风、学风、校风、校训以黑板报或标语的形式展示于学校显眼的位置,让全校师生员工明确学校的奋斗目标,时刻严格要求自己,并围绕这个目标进行自我检查,努力完成自己的本职工作。

二、校园活力物质文化建设成果

学校坚实的硬件条件为校园文化建设奠定了扎实的基础。在此阶段,我们开展了大规模的整修工程,包括添置各类辅助教学设备设施,建成校园电视台、数字中心以及机器人创新实验室等专用教室,改造师生食堂,更新教室多媒体设备,安装无尘黑板等。这些为教师和学生提供了优良高效的工作和学习环境。校园内的办公区、活动区、宿舍区等布局合理,包含教学楼、办公楼、实验楼等,各类专用教室、活动教室、师生娱乐场所设备齐全,利用率高,能够充分满足各类教育教学需求。

学校在各楼纵向走廊悬挂图文并茂的警世名言,室内、过道、楼道和宣传栏中都饰以师生自己的书画、工艺作品,定期更换,形成流动的校园文化。在新一轮校园文化内涵建设时,学校通过楼名、路名、格言征集等活动,广泛发动师生参与。最终,在全校师生共同努力下,学校将各建筑大楼分别命名为崇德楼、进德楼、修德楼、厚德楼、惟真楼、润德楼、思源楼、竞翔楼;各道路名依次为俊立路、俊德路、俊树路、俊人路、俊江路、俊中路、俊英路、俊才路(取"立德树人""江中英才"之意);在学校入口处,还设有一块造型别致的"江中"文化石。这些都使文化育人在潜移默化中得以实现。

学生们普遍表示,当看到美观干净的校舍、功能齐全的教学设施、科学完善的实验设施时,内心会感到愉悦并充满正能量,无形中产生一种积极的态度;当看到走廊里悬挂的标语、名人字画,班级内醒目的宣传栏时,生理和心理的疲倦感会得到缓解,自身的审美能力、文学能力也得到一定提升。

教师们认为,良好的场地设备(如录播教室、创新实验室、体育馆等)为他们提供了科研教学的硬件条件,为专业发展提供了必要的空间。另外,在这些场所举办各种活动时,还会不断加深师生之间的情感,在不知不觉中激励教师勤奋学习与工作。许多教师表示,当他们在焕然一新的教师食堂用餐时,仿佛置身于环境幽雅的咖啡馆,能在很大程度上缓解工作疲劳,提升幸福感。幸福感的提高自然会激励教师不断提升自己的专业能力,拥有良好的精神风貌,为专业发展提供必要的准备。

第二节　校园精神文化：提升师生内在动力

我们要切实加强中小学校园文化建设,营造良好的育人环境,全方位实施素质教育。校园文化是社会主义精神文明建设的有机组成部分,是学校德育工作的重要承载体。良好的校园文化将推动社会文明的进程。校园文化建设已成为各级各类学校教书育人的重要措施。校园文化建设是加强学校管理的重要途径,将极大地推进学校管理理论的研究和发展。

一、活力精神文化的实施内容

培养活力精神文化,我们主要从以下 3 方面开展:

梳理理论与制度建设。在深入思考活力教育的基础上,创新性地界定和厘清活力文化的概念和内涵。通过总结创建活力文化的对策、途径和方法,拓展相关理论,并结合本校办学特色,形成长效机制。持续完善这些机制,力求在文化建设上体现活力校园的理念,使校园充满生机。规范办学,建立和完善各类管理制度。从实际出发,与时俱进,逐步完善学校的各类规章制度。

注重师生养成教育。树立现代办学理念,规划学校愿景,明确办学目标,多方位展示宣传办学理念、校风、校训、学风、教风,使师生了解、熟记和践行其内涵,并弘扬学校精神。努力活化校园活动主体,使学校各项活动充满活力。同时,广泛发动师生参与,开展丰富多彩的文化艺术、体育等社团活动,活跃校园文化,铸就开拓创新的校园精神,形成民主和谐的校园氛围,让活力文化理念融入师生的行为习惯中。

多途径宣传活力文化,进一步凝练学校精神。搭建好校园网平台,利用信息科技对学校活力文化进行广泛宣传;通过定期开办家校活动、校园开放日活动,以及学校与社区联动活动等,展示学校活力文化,力求携领家校社,促进学校质量的提升和学生素质的全面和谐发展。辐射社区,提升学校知名度,促进整个社区的和谐发展。

二、活力精神文化的实施途径

(一)深入挖掘办学理念,举办各类活动

江镇中学作为一所具有 70 多年历史的老学校,是江镇地区唯一的完全中学。原名为私立俊德中学,其名字来源于《尚书·尧典》中的"克明俊德,以亲九族",寓意着彰显崇高品德,团结亲和族人。因此,立德为校是创校初衷,也是学校发展的方向。

70 多年来,学校积累了丰富的人文底蕴,始终秉持"艰苦、勤奋、善

思、进取"的校训和"德育为先,学技俱长"的办学理念。这些理念考虑到农村学校的特点,旨在培养德智体美劳全面发展的学生,体现了江镇中学发展的期望。近年来,学校积极弘扬"厚生笃学,克明俊德"的江中精神,规范办学,发挥特色,形成了"求真、求实、求知、求新"的优良校风、"立德、立言、立信、立人"的优良教风和"乐学、乐思、乐问、乐行"的优良学风。在这样的文化理念指引下,江镇中学发展充满动力。

精神文化是学校文化的核心,是学校文化建设的深层次、隐性内容,需要通过各种主题活动展现出来。我们通过举办各类活动弘扬江中精神,并开展地域特色、红色文化、海派文化等形式多样的主题教育、社团活动和社会实践,与工会共同打造"书香校园",将培育和践行社会主义核心价值观落到实处。

例如,实践新"七不"规范,同时结合《中小学生守则》和学生综合素质评价,提高学生文明素养。积极拓展网络宣传空间,加强线上文化阵地建设。结合学校和学生实际,设计系列主题教育活动,深化"两纲"教育。通过班级卫生、广播操、黑板报等评选活动开展"五字"教育,评选示范班和文明班,培养学生对自己、他人、家人和社会负责的意识,让其初步树立正确的世界观、人生观和价值观。每学期评出"江中活力学生",积极推行"我与校长有约"项目,增强学生的主人翁意识。整合德育活动与团队活动,策划教师节、国庆节、重阳节等传统节日系列活动,弘扬中华民族精神和上海城市精神,并不断创新。分阶段举办艺术体育节、科技节、爱心义卖、学雷锋、红五月歌会等传统活动项目,形成德育常规活动系列,逐步构建具有学校特色文化内涵的德育活动体系。

将德育课程与德育活动有机结合,挖掘教育内涵,为学生提供成长的平台,并不断使之更专业、更有效。积极推进学科德育,针对各年级学生特点制订分年级学科德育目标,明确学科德育要求。充分利用张闻天故居、驻江镇部队、江镇社区、浦东重残寄养院、南航上海基地、地质科普馆等单位资源,组织学生参与社会实践活动,整合社会教育资源开展育人工作;充分发挥学生干部和优秀学生的示范引领作用,促进学生的自我教育和自主管理。

发展各类学生艺术、科技、体育和文学社团,规范社团管理,以点带面,发挥辐射作用,打造特色社团。开展优秀班集体和温馨教室评选活动,突显班级文化特色。

理念文化是学校发展的灵魂。以此为核心开展的各项专题活动将长期引领、陶冶和感染学校的每一个成员。

(二) 完善制度文化建设,加强管理机制

没有规矩,不成方圆。学校作为一个行政个体,必须拥有一套完整的制度。制度文化位于表层的物质文化和深层的精神文化之间,既不可或缺,也无法替代。校园制度文化是维护学校正常秩序的必要保障机制,也是校园文化建设的保障系统。在制度建设过程中,学校应根据实际情况,将精神要求与具体规定有机结合,打造既具有强制性又能发挥激励规范作用的"合金"式规章制度。

为了使学校的教育教学行为有章可循且合理规范,我对校园制度进行了一系列的新增和修订,包括激励教师发展的考核制度和评价奖励制度;赋予教师发言权的工会选举制度和行政干部民主考核制度;规范学生行为,帮助他们文明成长的学生行为规范守则和课堂管理制度;严格执行改革方针、关爱学生的5项管理制度和课后服务制度;服务师生的实验室管理制度和食堂工作制度。

学校每4年制订一次发展规划,并拟定了为期3年的强校发展规划。坚持制度规范先行的工作原则,有效提升了学校各项工作的效率。制度的不断更新和修订也为学校可持续发展提供了保障。只有规范办学,学校发展才能进入快车道;只有制度文化成熟,学校的精神风貌才能得以彰显。这是我的坚持,也是活力校园文化建设中最基本、最重要的一环。

(三)发掘自身文化特色,规范文化建设管理

校园文化建设需要结合近期计划和远景规划,避免形式主义,注重实效。我调动各方积极因素,充分发挥党员、团员、少先队员的先锋带头作用。利用校史优势,聘请优秀校友担任校外辅导员,对学生进行爱国主义教育和革命传统教育,努力开拓社会实践基地和劳动基地,加强热爱农村、热爱劳动的教育,帮助青少年了解家乡,立志造福家乡。既要设定明确的目标和可行措施,立足实际,发挥优势,突出特色;也要加强管理,定期进行督导检查和考核评价,促进校园文化建设的健康发展。

我建立了一套完整的、学生参与的行为习惯养成教育工作制度，以确保行为习惯养成教育得到落实。"文明示范岗""红领巾值周岗""公益劳动岗"常年开展。值周学生在指定位置秩序井然、精神焕发地检查同学的仪表，纠正不规范行为，提升同学们的精神面貌，使校园更加整洁美观。此外，教室卫生、垃圾分类、光盘行动、黑板报、广播操等日常规范事项，每月由学生自主管理、检查、公布，已形成有效的自主管理机制。

（四）运用楷模教育，推进校园文化建设

我们以"艰苦、勤奋、善思、进取"的校训为引领，实施以楷模教育为特色的校园文化建设工程，旨在引导广大教师乃至家长树立身体力行、争做楷模的主动意识，从而影响孩子成长为符合时代特点的江中人。

多年前，我针对农村孩子普遍存在的目标不明确、缺乏自信等现象，组织了一次大规模的校友寻访活动。自1948年建校以来，江镇中学校友遍布世界各地。他们包括院士、教授、博士生导师、作家、画家、企业家、知名学者和领导干部等，更有数以万计的各行各业的有用之才。他们都是江镇中学的骄傲，都秉承着"艰苦、勤奋、善思、进取"的江镇中学校训在各行各业拼搏。我以他们为楷模榜样，告诉孩子们："他们可以，你们也可以。"

这些优秀校友对家长而言是一种期待，即期待学校能培养出优秀的孩子。学校希望学生能学习这些优秀校友的品质，树立远大目标。

（五）运用宣传窗口，弘扬地域文化

广播、橱窗、黑板报等是建设良好文化氛围的重要设施，我将其称为窗口文化。学校的学生大多是土生土长的当地人，他们的父母很多也是从江镇中学毕业的，身上有江镇中学文化成长的影子，对学校的未来和发展很关心。因此，我特别注重运用广播、橱窗、电子屏、微信公众号等宣传渠道，将营造正确舆论氛围作为开展校园文化建设的重要一环，积极发挥宣传媒体的教育优势。

我还让在农村工作的教师们成为荧幕上的主角。作为强校工程实验校，学校拍摄了一部对外宣传片。宣传片在上海教育电视台播放后，教师、学生、家长纷纷点赞。每两个月，江镇周边的企业、共建单位、学生和家长都会收到刊物《俊德江中》。学校师资、学生成长、表彰荣誉等得到了宣传，师生的荣誉感、学校的口碑逐渐树立起来。学校还邀请家长参加六年级、高一年级学生的入学教育会演，组织祝桥学区足球比赛，接待来自新疆、西藏的教师团访问，鼓励优秀教师在其他学校上公开课、示范课……我抓住每一个打开校门的机会和每一次走出去的机会，让学校的发展受到越来越多的关注。

我的根本目的并非在宣传学校、吸引生源、建立口碑，而在于增加每一名江镇中学师生的自豪感和学校荣誉感。只有与学校共命运、同呼吸，我们才能更好地建设一所充满文化底蕴的学校。学校在不断努力，也值得被大众看到。

三、活力精神文化的实施成果

近年来,学校相继获得了市安全文明校、市家庭教育示范校、绿色学校、区行为规范示范校、区校本研修优秀学校、区心理健康教育达标校等荣誉。学校将体育与足球特色相结合,在市、区甚至全国范围内享有一定的盛名。这些荣誉在各个层面反映了学校在制度文化建设方面所取得的成绩。

得益于学校推行班级自治、楷模教育以及行为习惯养成教育等工作制度,学生在自主管理方面形成了良好的习惯。班委会成员各司其职,培养了学生的自我学习、自我管理、自我服务的能力。学校的各种规章制度和学生行为规范标准既能让学生学会自律,也能让学生掌握融入社会的基本常识。部分学生提到,他们注意到这学期每个教室黑板上方都新增了8个大字——"艰苦、勤奋、善思、进取",另一块黑板上方则是每个班共同商定的班训。每天抬头或转头便能看到。这是在时刻提醒他们要勤学苦练、多思好问。

同时,学校的教师始终严格遵守学校的规章制度,爱岗敬业,教书育人。他们根据学校要求参加各级各类培训,不断提升自身的专业知识和技能。教师们会及时分析和反思自己的教学行为。学校已建立以教师自评为主,校长、学生和家长共同参与的质量跟踪检测制度。这种课堂质量跟踪检测制度使教师能从多种渠道了解自己教育教学的成效,有助于教师不断提高教学水平、改进教学质量,并推动教师的专业发展。

图书在版编目（CIP）数据

探寻学校可持续发展的路径 / 严福明著. — 上海：
上海教育出版社，2023.4
ISBN 978-7-5720-1974-6

Ⅰ.①探… Ⅱ.①严… Ⅲ.①中学－学校管理－研
究 Ⅳ.①G637

中国国家版本馆CIP数据核字(2023)第072727号

责任编辑　章琢之
封面设计　金一哲

探寻学校可持续发展的路径
严福明　著

出版发行　上海教育出版社有限公司
官　　网　www.seph.com.cn
地　　址　上海市闵行区号景路159弄C座
邮　　编　201101
印　　刷　昆山市亭林印刷有限责任公司
开　　本　700×1000　1/16　印张 11.25
字　　数　109 千字
版　　次　2023年4月第1版
印　　次　2023年4月第1次印刷
书　　号　ISBN 978-7-5720-1974-6/G·1775
定　　价　80.00 元

如发现质量问题，读者可向本社调换　电话：021-64373213